Mosaik-
Bücherei

Schwester Bernardines Heilkräuterbuch

Mosaik Verlag

Zeichnungen: Heinz Bogner
Umschlaggestaltung und Layout: Ulrike Schimmelschmidt
Redaktion und Bearbeitung: Bärbel Jung, Reinhard Waldemar,
Fotos: Annette Truksäss, Gerhard Weiß

Dieses Buch erscheint in Kooperation
mit der TR-Verlagsunion München

Gesamtherstellung Mohndruck Graphische Betriebe GmbH, Gütersloh

ISBN 3-570-04737-7

Inhalt

Wie es zu diesem Buch kam

Ein Drittel ihres Lebens verbringt die Franziskanerin Bernardine nun schon als Gemeindeschwester. Sie ist 78 Jahre alt und lebt in Einklang mit allem, was sie umgibt, mit der Natur, mit den Menschen, auch mit dem Schicksal. Im elsässischen Wingen hat sie ihre karge Wohnung im Obergeschoß des Schulhauses. Den wenigsten Raum braucht sie für sich selbst, den meisten für die Kräuter, die sie sammelt, trocknet, mischt und nutzt für ihre tägliche Arbeit, die Krankenpflege.
Jeder im Dorf kennt Schwester Bernardine, und sie kennt jeden. Doch ist ihr Wirkungsbereich nicht auf dieses Gemeinwesen beschränkt, weist er weit darüber hinaus nach Frankreich, in die Schweiz, nach Deutschland. Und er wurde noch größer, als die bescheidene Ordensfrau durch die ZDF-Reihe »Mosaik« Zuschauer von den Alpen bis zur Nordsee ansprach. Nach jedem Programm mit ihr kamen Hunderte, Tausende von Anfragen nach ihren Rezepturen, die stets einzeln beantwortet werden mußten. Jetzt kann

man die Auskünfte gesammelt schwarz auf weiß nachlesen in »Schwester Bernardines Heilkräuterbuch«.
Schon beim ersten vorbereitenden Gespräch für die Filmaufnahmen wurde uns bewußt, wie sehr allein die zuversichtliche Heiterkeit, die die betagte Franziskanerin ausstrahlt, als Medizin wirkt. Schwester Bernardine dosiert ihren Rat so sorgfältig wie ihre Kräutertees und -tinkturen. Sie pfuscht weder dem lieben Gott noch dem Doktor ins Handwerk. Sie weiß um ihre Möglichkeiten ebenso wie um ihre Grenzen. In ihrem Sprachschatz sind ungewohnte Wendungen nicht selten. Sie sagt »Gott befohlen« und »Ich bete für euch«. Das sind keine leeren Formeln. Sie meint es wirklich so; sie tut es auch – sich in Gedanken stets mit den Betroffenen und ihren Anliegen beschäftigend.
Schon als kleines Mädchen ist Bernardine, durch den Vater angeleitet, mit der »großen Apotheke Gottes«, den Heilkräften der Natur, vertraut geworden. Später, als sie im Kloster von Marmoutier zur Krankenschwester ausgebildet wurde, konnte sie sich dort in die Arzneikunde vertiefen, die Generationen von Mönchen und Nonnen betrieben und überliefert hatten.
Bis heute steht Schwester Bernardine unverdrossen mit wachem Verstand in ihrem Beruf, obwohl sie längst berechtigt wäre, sich sozusagen aufs Altenteil zurückzuziehen. Mit Güte und

Fröhlichkeit bewältigt sie den oft beschwerlichen Alltag. Sie hat die Kraft zum Mitfreuen und Mitleiden. Sie liebt die Menschen um ihrer Stärken und um ihrer Schwächen willen. So ist sie auch bereit, bittere Medizin als Kräuterlikör zu versüßen oder den Wein als Heilmittel nicht nur tropfenweise zu verordnen. »Alles zu seiner Zeit«, versteht sich. Und so kann es auch an der Zeit sein, Hilfen zu bieten gegen Haarausfall

oder Faltenbildung. Schwester Bernardine weiß, was alles zusammenspielen muß, um Wohlbefinden zu erzeugen.
Was immer sie anwendet, es ist erprobt, zum Teil auch selbst erfahren, denn die Krankenschwester ist von Krankheit nicht verschont geblieben. Aber niedergeschrieben hat sie nur wenig; dazu reichte die Zeit nicht. Und deshalb war sie ohne Zögern zur Mitarbeit bereit, als wir ihr vorschlugen, diese Aufzeichnungen zu machen, zu »verbuchen«, wann, wo und wie welche Mittel heilen oder doch lindern. So kam es denn zu einer ebenso fröhlichen wie ergiebigen Kräuter-Klausur und letztlich zu diesem Buch.
Ob sie stolz ist auf ihr Buch? Schwester Bernardine antwortet verschmitzt: »Ich hoffe, es ist kein Stolz im Sinne von Hoffart. Aber eine große Freude ist es ganz gewiß.«

Ingeborg Thomé
Leiterin der ZDF-Sendereihe »Mosaik«

Lieber Leser!

Ein Leben lang konnte ich die Heilkraft bewundern, die uns die Natur mit ihren Pflanzen beschert. Und dennoch möchte ich Ihnen zu Beginn dieses Buches eindringlich ans Herz legen: Kräuterrezepte können den Arzt nicht ersetzen! Sicherlich ist im großen Garten der Schöpfung gegen fast jede Krankheit ein Kraut gewachsen. Aber nur der Arzt kann feststellen, welche Krankheit hinter welchen Symptomen steckt. Und nur er kann entscheiden, welche Behandlung im Einzelfall angebracht ist. Die Heilkräuterrezepte können die ärztlichen Maßnahmen als Begleittherapie unterstützen. Sie können bei chronischen Leiden Erleichterung und Linderung verschaffen. Und vor allem sind sie hilfreich bei vielen kleinen Alltagsbeschwerden, die auch den Kerngesunden mal befallen können.
Sie brauchen die Heilpflanzen, die in diesem Buch vorkommen, nicht selbst zu sammeln und zu trocknen. Sie bekommen sie in jeder Apotheke und in Spezialgeschäften und haben dabei die Gewißheit, daß es sich dann um ausgesuch-

tes, einwandfreies Pflanzenmaterial handelt, Sie also eine Qualität erhalten, die der Laie erst nach jahrelangen Erfahrungen erreicht. Wer sich trotzdem für das Sammeln und Trocknen interessiert, findet in einem besonderen Kapitel einige wichtige Hinweise. Aber eigentlich wäre dies ein Thema für ein weiteres Büchlein.

Gute Gesundheit wünscht Ihnen

Schwester Bernardine.

Was Sie über die Zubereitung wissen müssen

Die Herstellung der verschiedenen Kräuteranwendungen ist bei jedem Rezept genau beschrieben. Hier ein paar *Grundregeln des Umgangs mit Heilkräutern.* Die Hauptzubereitungsarten sind:

Aufguß: Zuerst kommen die Kräuter ins Gefäß. Dann wird kochendes Wasser drübergegossen. Zudecken und – wenn nicht anders angegeben – 10–15 Minuten ziehen lassen. Dabei öfter umrühren. Nach dem Ziehen wird der Aufguß abgeseiht. Man nimmt dazu ein *Haarsieb, ein sauberes Mull- oder Gazetuch.*

Abkochung: Man unterscheidet hier *zwei Arten.* Entweder werden die Pflanzenteile *in kochendes Wasser geworfen* und dann die angegebene Zeit lang bei kleiner Hitze »abgekocht«. Man nimmt den Topf dann vom Feuer, läßt etwa 15 Minuten auskühlen und seiht wie beim Auszug ab. Oder die Pflanzenteile werden in kaltem Wasser aufgesetzt und *langsam zum Kochen gebracht.* Wenn nichts anderes angegeben ist, 2–3 Minuten kochen und 5 Minuten ziehen lassen. Dann ab-

seihen. Dem Aufkochen in kaltem Wasser gebe ich meistens den Vorzug, denn ich glaube, die Wirkstoffe entfalten sich so am besten.
Kaltauszug: Hierbei ziehen die Pflanzendrogen in der angegebenen Flüssigkeit (Wasser, Wein oder Alkohol), die Zimmertemperatur hat, längere Zeit in einem fest verschlossenen Glas aus. Danach wird ebenfalls filtriert.

Sirup gehört in dunkle Flaschen

Für *Sirup* werden die Pflanzen mit so viel Wasser gekocht, wie sie »schlucken« können. Man filtert dann den Extrakt und fügt Zucker oder Honig hinzu. Eventuell muß der Saft danach noch mal gekocht werden. Sirup muß in gut verschlossenen *dunklen Flaschen aufbewahrt* werden. Er ist dann längere Zeit haltbar.
Für *Tinkturen* werden *frisch gepflückte* Kräuter mit Alkohol angesetzt. Im Gegensatz zu selbsthergestellten Kräuterlikören und -weinen dürfen

sie nicht der Sonne ausgesetzt werden, sondern sollen nur an einem warmen Ort stehen. Das Gefäß muß jeden Tag geschüttelt werden. Nach dem Abseihen kann man die mit Alkohol getränkten Kräuter *noch einmal auspressen*, den Saft zugeben, das Ganze nochmals ein paar Tage zum Absetzen stehen lassen und dann erneut durchfiltern. Achtung: *Tinkturen werden in der Regel äusserlich angewendet und dürfen immer nur tropfenweise* – auf Zucker oder in Wasser – *eingenommen werden!* Halten Sie sich genau an die angegebene Menge!

Jeden Tag schütteln!

Grundsätzlich gilt aber: Äußere Anwendungen dürfen nicht eingenommen werden!
In der Apotheke bekommen Sie die gewünschten Pflanzenteile gebrauchsfertig. Wenn Sie selbstgetrocknete Heilkräuter verwenden, müssen Sie die Ingredienzen *vor der Zubereitung* entsprechend *zerschneiden oder zerbröseln.*

Heilkräuter dürfen niemals in Metallgefäßen zubereitet werden. Am besten eignet sich Porzellan oder Keramik (mit bleifreier Glasur!).
Heilkräutertee sollte man möglichst vor der Einnahme *frisch zubereiten*, ob nun als Aufguß oder als Abkochung. In der kühlen Jahreszeit kann man aber, um Arbeit zu sparen, auch die Tagesration auf einmal zubereiten. Wichtig ist, den Rest zugedeckt und nicht zu warm aufzubewahren. Wird der Tee warm getrunken, kann er

auch *aufgewärmt* (aber nicht aufgekocht!) werden, am besten in einem Wasserbad. Soll man je eine Tasse morgens nüchtern und abends vor dem Schlafengehen trinken, kann es zweckmäßig sein, den Tee abends zuzubereiten und eine Tasse für den Morgen aufzubewahren. In der heißen Jahreszeit ist jedoch davon abzuraten.

Dosierung beachten!

Bitte beherzigen Sie meinen Rat und *nehmen Sie niemals stärkere Dosierungen* oder größere Trinkmengen als vorgeschrieben. Ein Tee wird dadurch nicht wirksamer, daß man ihn doppelt so stark macht oder die doppelte Menge trinkt, im Gegenteil. Die in diesem Buch empfohlenen Trinkmengen beziehen sich im übrigen auf Erwachsene. Für Kinder gilt:
2–5 Jahre: $^{1}/_{4}$ der angegebenen Menge.
6–10 Jahre: $^{1}/_{3}$ der angegebenen Menge.
11–14 Jahre: $^{1}/_{2}$ der angegebenen Menge.
15–18 Jahre: $^{2}/_{3}$ der angegebenen Menge.

Werdende Mütter sollten es mit Heilkräutern ebenso wie mit Medikamenten halten: *Vor einer Anwendung immer den Arzt fragen! Denn manche Heilpflanzen können abtreibend wirken!*
Manche Heilkräutertees schmecken nicht sehr angenehm – schließlich handelt es sich ja auch um Medizin. Man kann den Tee dann *mit Honig oder Süßstoff* etwas süßen oder den Geschmack mit ein wenig Zitrone verbessern oder auch,

wenn man mag, ein paar Pfefferminzblätter zu den Kräutern geben.
Weil sie bei meinen Vorschlägen immer wieder vorkommen, habe ich die folgenden *drei Standardrezepte* an den Anfang der Rezepturen gesetzt: Die Arnikatinktur, die Baldriantinktur und die Wachholderbeerkur.

Arnikatinktur

Dieses altbewährte Mittel kann man in der Apotheke kaufen oder auch selbst herstellen. Dazu schüttet man eine Handvoll frische Arnikablüten mit 1/2 l Branntwein (40–50%) in ein Glas, das man festverschlossen an einen warmen Ort stellt. Einen Monat lang ziehen lassen, eher noch etwas länger. Dann abseihen.
Arnikatinktur wird *äußerlich angewandt*, in einigen Fällen auch innerlich, wobei die Tropfen mit einem Stückchen Würfelzucker genommen werden. Sie wirkt allgemein *schmerzlindernd und entzündungshemmend*. Besonders bewährt hat sie sich zum Gurgeln bei Entzündungen des Zahnfleisches und der Mundhöhle, bei Heiserkeit und Mandelentzündungen. Sie wirkt aber auch anregend auf Herz, Magen, Darm und Blase.
Wichtig: *Nie mehr als die vorgeschriebene Dosis nehmen!* Bei zu starker Anwendung kann es zu Vergiftungserscheinungen kommen.

Arnika hemmt Entzündung

Die oben beschriebene, selbsthergestellte Tinktur ist im übrigen etwas schwächer als die in Apotheken erhältliche.

Baldriantinktur

Auch diese Tinktur kann man in der Apotheke kaufen, aber auch selbst herstellen:
200 g gewaschene und getrocknete Baldrianwurzeln werden kleingeschnitten und danach mit 1 l Branntwein (40–50%) oder Traubenschnaps oder Obstschnaps in ein Glas gegeben, das gut verschlossen vier Wochen lang an einen warmen Ort gestellt wird. Nach dem Durchseihen in einer dunklen Flasche aufbewahren.

Hilft gegen Nervosität

Baldrian ist ein wirksames Mittel gegen Nervosität und Schlaflosigkeit, gegen Kopfschmerzen, Migräne, bei Herzklopfen und Magenverstimmungen sowie *bei allen krampfartigen Beschwerden.* Da bei einer Überdosierung Vergiftungsgefahr besteht, muß man *die vorgeschriebene Dosis genau einhalten.* Im allgemeinen kann man 10–12 Tropfen auf ein Glas Wasser nehmen oder in eine Tasse schwarzen Tee.

Wacholderbeerkur

Diese einfache, schon von Pfarrer Kneipp empfohlene Kur hilft vor allen Dingen bei:
Arterienverkalkung
Blasenbeschwerden
Herzbeklemmungen
Kopfschmerzen
Nervosität
Nierenschmerzen

Die Beeren werden *nur gekaut, nicht geschluckt.* Nach dem Auskauen wird die Resthülle ausgespuckt. Am ersten Tag kaut man vier Beeren, am zweiten Tag fünf Beeren, am dritten Tag sechs Beeren und so fort, bis man bei fünfzehn Beeren angelangt ist. Dann nimmt man am nächsten Tag wieder eine Beere weniger, also vierzehn Beeren, am Tag danach dreizehn Beeren und so fort, *bis man wieder bei vier Beeren angelangt* ist. Nun steigert man die Dosis wieder bis auf fünfzehn Beeren. Die Kur ist beendet, wenn man die Prozedur »rauf und runter« viermal hintereinander vorgenommen hat. Dabei verteilt man natürlich die Beeren jeweils auf den ganzen Tag.
Damit man beim Zählen nicht durcheinanderkommt, empfehle ich, jeweils immer *die Ration für den nächsten Tag* schon beiseite zu legen.

Gewichts- und Maßangaben

Getrocknete Kräuter sind sehr leicht – Sie finden deshalb in den Rezepturen oft Grammangaben, für die die Skala einer normalen Küchenwaage nicht genau genug ist. Wer sich viel mit Kräuteranwendungen beschäftigt, sollte eine *Briefwaage* haben. Man kann sich aber auch so behelfen: Hat man nur eine Waage mit 10-Gramm-Einteilung, braucht aber eine Menge von 5 Gramm, wiegt man 10 Gramm ab und teilt die Menge in zwei gleiche Häufchen.

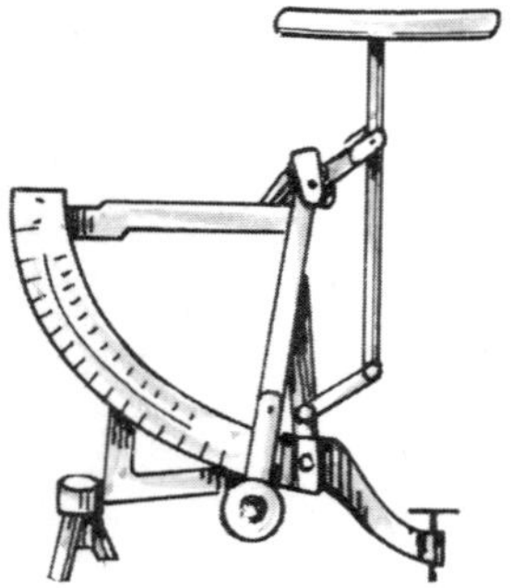

Außer den bekannten Gewichts- und Maßangaben von Gramm und Liter erscheint bei meinen Teemischungen auch oft die Bezeichnung *»3 Finger voll«*. Damit ist gemeint: so viel, wie man mit Daumen, Zeige- und Mittelfinger fassen kann.

Die Maßangabe *»2 Finger voll«* entspricht einer Prise, also so viel, wie man zwischen Daumen und Zeigefinger nehmen kann.

»1 Handvoll« bezeichnet die Kräutermenge, die man leicht gehäuft auf der nach oben offenen, etwas gewölbt gehaltenen Handfläche unterbringen kann.

Ich habe diese jeder Hausfrau vertrauten Bezeichnungen mitverwendet, weil sie Zeit und Aufwand sparen: Man braucht die Kräuter nicht erst umständlich auszuwiegen. Man hat sie »im Griff«, wenn es schnell gehen soll.

Welche Rezepturen helfen bei welchen Beschwerden?

Um dieses Buch so praktisch und nützlich wie möglich zu machen, sind die Rezepte und Vorschläge nach den Beschwerden und Leiden geordnet, für die sie heilsame oder lindernde Dienste leisten. Natürlich konnten nicht alle gesundheitlichen Störungen berücksichtigt werden, es galt, sich auf die verbreitetsten zu beschränken.

Auch die Rezeptsammlung auf den folgenden Seiten kann nur eine Auswahl aus der vielfältigen Apotheke der Natur sein. Denn die Zahl der heilkräftigen Pflanzen ist kaum zu überblicken, und die Möglichkeiten, sie miteinander zu kombinieren, sind fast unbegrenzt.

Bei den natürlichen Mitteln ist es genau wie bei pharmazeutischen Präparaten: Nicht jedes schlägt bei jedem gleich gut an. Auch bei Kräuteranwendungen muß man herausfinden, worauf man am besten anspricht. Das geht nicht von einem Tag auf den anderen, man muß Geduld haben. Um so größer ist die Freude, wenn man »sein« Mittel gefunden hat.

Appetitlosigkeit

Natürlich soll man eine Appetitlosigkeit, die als Begleiterscheinung einer Krankheit wie einer Magen- oder Darmerkrankung auftritt, nicht mit anregenden Mitteln bekämpfen. Denn hier hilft sich ja der Körper mit seiner Zurückhaltung im Essen selbst. Liegt aber keine solche Störung vor, kann man den schwachen Appetit oft wirksam mit *Kräutertees und anderen Mixturen beleben.*

Tee gegen Appetitlosigkeit:
Wermutblüten 20 g,
Grapefruitschale (ungespritzt), geschnitten 40 g,
Enzianwurzel 20 g
werden durcheinandergemischt. Mit einem Eßlöffel dieser Mischung wird ein Aufguß von einem halben Liter kochendem Wasser gemacht. 15–20 Minuten ziehen lassen und abseihen. Eine Viertelstunde vor jeder Mahlzeit trinkt man etwa eine halbe Tasse.

Wermut regt den Appetit an

Wermut ist ein großer *Appetitanreger*. Leider schmeckt er aber recht bitter. Vielleicht ist deshalb mein Wermutwein Nr. 2, dessen Zubereitung auf Seite 122 beschrieben wird, einem Tee vorzuziehen oder diese Kräuterauszüge:
Johanniskrautlikör (S. 116),
Salbeiwein Nr. 1 und 2 (S. 119),
Tausendgüldenkrautwein Nr. 1 und 2 (S. 120).
Läßt sich Appetitlosigkeit mit einfachen Mitteln nicht beheben, muß der Arzt untersuchen, ob eine ernsthafte Krankheit vorliegt.

Arterienverkalkung

Bei Arterienverkalkung, die selbstverständlich immer vom Arzt behandelt werden muß, empfehle ich als zusätzliche Maßnahme gern die Wacholderbeerkur (S. 21).

Sehr günstig wirkt sich auch *reichlicher Genuß von Knoblauch* aus. Man kann ihn frisch essen – zwei bis drei Zehen täglich müssen es schon sein. Wer das nicht fertigkriegt, macht sich statt dessen einen Extrakt. Drei Zwiebeln werden in einem Topf zu Brei gestampft, dann wird ein halber Liter Branntwein (Traubenschnaps, Korn, Gin) darübergegossen. Zugedeckt zwei Tage lang ziehen lassen. Von der durchgeseihten Flüssigkeit nimmt man mittags und abends vor der Mahlzeit jeweils fünfzehn Tropfen in einem Likörglas Wasser.

Knoblauch ist gesund

Als altes Volksmittel gilt auch *rohes Sauerkraut.* Am besten nimmt man es morgens nüchtern, 1–2 Eßlöffel, oder eine halbe Tasse Sauerkrautsaft.

Auch der Mistel wird eine günstige Beeinflussung der Abnützungskrankheiten wie der Arterienverkalkung oder der altersbedingten Herzschäden zugeschrieben. Hier ein Tee:

Je drei Finger voll *Mistel und Johanniskraut* werden mit einem halben Liter Wasser aufgebrüht. Ziehen lassen und abseihen. Zehn Tropfen *Arnikatinktur* (S. 19) werden hinzugesetzt. Diese Mixtur trinkt man tagsüber in kleinen Schlucken.

Arthrose

Auch bei diesem chronischen Leiden, bei dem vor allem die Gelenkknorpel erkranken und entarten, können Heilpflanzen, äußerlich und innerlich angewendet, mildernd wirken und den Krankheitsprozeß verlangsamen. Denn sie helfen, den Organismus zu entgiften und den *Stoffwechsel anzuregen.*

Kräuterauszug zur innerlichen Anwendung:
Große Klette, Wurzeln,
Primelblüten,
Eschenblätter,
Ackerschachtelhalm, Ästchen,
Baldrianwurzeln.
Eine Mischung aus jeweils 5 g dieser Ingredienzen läßt man 12 Stunden lang in einem Liter kaltem Wasser ziehen. Dann kocht man auf, läßt 5 Minuten kochen, eine Viertelstunde ziehen, seiht ab und süßt die Flüssigkeit mit Honig nach Geschmack. Man trinkt *dreimal täglich ein Glas* vor den Mahlzeiten.

Mit Honig süßen

Kräuterauszug zur äußerlichen Anwendung:
Rotbeerige Zaunrübe, Wurzeln 20 g,
Arnikablüten 10 g,
Scharfer Paprika, trockene Schoten 10 g
müssen acht Tage lang in 100 g denaturiertem (vergälltem) Alkohol, den man in der Apotheke bekommt, ziehen. Man mischt 1 Eßlöffel dieses Aufgusses mit 2 Eßlöffel Wasser und reibt mit

dieser Flüssigkeit die schmerzenden Gelenke zweimal täglich ein.
Achtung: *Die Rotbeerige Zaunrübe ist giftig* und sollte nur vom Arzt verschrieben werden!
Wer an Arthrose leidet, sollte sich viel bewegen und vor allem auch *oft der Sonne aussetzen.* Trockenbürsten-Massagen und Wechselduschen fördern die Durchblutung. Noch eins ist wichtig: *Gewicht halten!* Wer zu viel Pfunde mit sich herumschleppt, belastet die angegriffenen Gelenkknorpel noch stärker.

Bei Arthrose: Sonnenbaden

Asthma, Atemnot

Die folgenden Rezepte, die mithelfen sollen, den für Brochialasthma typischen *Anfällen von Atemnot* vorzubeugen, sind natürlich *auch bei chronischer Bronchitis hilfreich*, die ja auch oft von quälender Kurzatmigkeit begleitet wird.

Tee Nr. 1:
5 g Anissamen oder 5 g Königskerzenblüten (Wollblume) oder 5 g Salbeiblätter und -blüten in 1 l Wasser aufkochen lassen. Abseihen. Jeden Abend eine Tasse von diesem Tee trinken.

Tee Nr. 2:
Johanniskraut,
Brennesselblätter,
Birkenblätter,
Salbeiblätter
zu gleichen Teilen mischen. Eine Handvoll in 1 l kaltem Wasser aufsetzen, aufkochen, kurz ziehen lassen und abseihen. Abends eine Tasse trinken.

Tee Nr. 3:
Efeublätter 30 g,
Lorbeerbeeren 30 g,
Ehrenpreis 20 g,
Weißdornblüten 10 g
mischen, 2 Eßlöffel mit 1/2 l Wasser aufkochen, 10 Minuten ziehen lassen, durchseihen. Man trinkt täglich dreimal eine halbe Tasse jeweils zwischen den Mahlzeiten.

Achtung: Die Efeu*beeren sind giftig!*

Auch *tägliches Inhalieren* ist sehr zu empfehlen. Zum Beispiel mit Fichtennadeldampf:
Man nimmt eine Handvoll Fichtennadeln auf 1 l Wasser. Die Wassermenge, die Sie zum Inhalieren brauchen, richtet sich nach dem Gefäß und der Art des Inhalierens. Es gibt kleine *Inhaliergefäße mit Trichter* zu kaufen, für die man weniger Flüssigkeit braucht. Wenn Sie aber nach guter alter Art den Kopf über einen dampfenden Topf halten und sich zum Abdichten ein großes Handtuch überhängen, brauchen Sie vermutlich mehr als 1 l Wasser, weil die Verdampfungsfläche größer ist und auch viel Dampf nach den Seiten entweicht.
Man inhaliert eine Viertelstunde lang. Statt Fichtennadeln können Sie auch *eine Mischung von Kamille, Schafgarbe, Pfefferminz und Salbei* zu gleichen Teilen verwenden. Auch davon nimmt man eine Handvoll auf 1 l Wasser.

Mit Fichtennadeln inhalieren

Ein altes, erprobtes Mittel bei akuten Asthmaanfällen: *Eukalyptusblätter in einer Pfeife rauchen.* Man kann auch statt dessen ein wenig Anissamen nehmen.

Blähungen

Zur Bekämpfung dieser lästigen Darmstörungen, von der sehr viele Menschen geplagt werden, bietet uns die Natur eine Fülle guter Mittel. Hier sind zunächst drei Tees:

Tee Nr. 1:
Pfefferminzblätter,
Wermutblätter,
je 3 Finger voll,
mit $^{1}/_{2}$ l kaltem Wasser
aufkochen. Kurz ziehen lassen, durchseihen. Den Tee nach Bedarf anwenden.

Tee Nr. 2:
Fenchel,
Schafgarbenkraut,
Salbeiblätter,
je 3 Finger voll, und
1 Prise Wermutblätter
zusammen mit 1 l kaltem Wasser
aufkochen. Ziehen lassen und abseihen. Vor den Mahlzeiten jeweils eine Tasse trinken.

›Vier-Winde-Tee‹ hilft

Tee Nr. 3 (auch »*Vier-Winde-Tee*« genannt):
Pfefferminz,
Fenchel,
Anissamen,
Kümmel
zu gleichen Teilen mischen. Eine Handvoll mit 1 l Wasser aufkochen, kurz ziehen lassen, durch-

seihen. Man trinkt den Tee nach Bedarf vor dem Essen.

Kümmel zu Kohl

Die *Blähungen vorbeugende Eigenschaft des Kümmels* läßt sich auch nutzen, indem man mit ihm blähende Kohlgerichte würzt.

Gute Erfahrungen kann man auch mit folgendem selbsthergestelltem Auszug machen:

Anis (gemahlen) 30 g,
Fenchel (gemahlen) 30 g,
Schale von zwei ungespritzten Zitronen, kleingeschnitten,
Zucker 200 g

schüttet man mit 1 l Branntwein zusammen in ein Glas. Kräftig durchschütteln, stehen lassen, abseihen. Bei Bedarf trinkt man davon 1 Gläschen.

Blasenentzündung

Blasenbeschwerden können die verschiedensten Ursachen haben und dürfen nicht leichtgenommen werden. Auch besteht bei einer Blasenentzündung die Gefahr einer Ausbreitung auf Harnleiter und Nieren, und man kann oft beobachten, daß sie bei Erkältungen und Abkühlungen wieder auftritt. Zur *Unterstützung der ärztlichen Behandlung* gibt es eine ganze Reihe guter Tees, die auch in den Fällen einer nur harmlosen Erkältung der Blase gute Heilwirkung zeigen.

Tee Nr. 1:
Johanniskraut,
Veilchenblätter,
Wiesenkönigin
zusammen eine Handvoll mit 1 l kaltem Wasser aufkochen und 2–3 Minuten kochen lassen. Abseihen. 14 Tage täglich 2–3 Tassen trinken, 14 Tage aussetzen und neu beginnen.

Tee Nr. 2:
Bereiten Sie einen Aufguß aus Kamille, wobei Sie 2–3 Teelöffel auf 1/2 l Wasser nehmen. Nach dem Ziehen und Absieben recht warm trinken.

Tee Nr. 3:
3 Teelöffel Zinnkraut
mit 1/2 l Wasser kalt ansetzen, aufkochen, 1 Minute ziehen lassen und abseihen. Ebenfalls recht warm trinken, 2–3 Tassen am Tag.

Tee Nr. 4:
25 g Maisbart – das sind die Kolbenhaare bzw. -bärte – mit 1 l kaltem Wasser aufkochen. Ziehen lassen und abseihen. Täglich 3 Tassen trinken.

Tee Nr. 5:
Brennesselblätter,
Hagebutten,
Stiefmütterchen, Blüten und Kraut,
Taubnesselblüten
zusammenmischen: von jedem 2 Finger voll (eine Prise). Mit 5 Wacholderbeeren in 1 l kaltem Wasser zum Kochen bringen. 5 Minuten ziehen lassen, abseihen. Man trinkt täglich 1–2 Tassen.

Frauen in fortgeschrittenem Alter leiden oft an einer Blasenschwäche. Es kommt zu krampfartigen Schmerzen in der Blasengegend, zum Brennen beim Wasserlassen, zu häufigem Harndrang mit nur geringer Entleerung, auch zum Nachträufeln, zum Beispiel beim Husten oder Lachen. Auch für solche Fälle kann ich die obengenannten Tees empfehlen. Außerdem helfen *Sitzbäder mit Kamillenzusatz* und warme Essigwasser-Wickel am Abend (ein guter Schuß Essig auf 1 l Wasser). *Wichtig: immer für warme Füße sorgen.* Bei kalten Füßen Wechselfußbäder machen.

Sitzbäder mit Kamille

Blutarmut

Die häufigste Art der Blutarmut oder Anämie ist die sogenannte *Eisenmangel-Anämie.* Unter ihr leiden vor allem Frauen, weil sie wegen der Menstruation mehr blutbildendes Eisen brauchen als Männer. Wenn Sie auch von dieser Blutarmut betroffen sind, schlage ich Ihnen vor:

Kur mit Rotrüben

Trinken Sie täglich zwei Gläser *Rotrüben-Saft.* Er wirkt sehr blutbildend. Damit sich Erfolge einstellen, sollten Sie diese »Kur« mindestens einen Monat lang machen. Außerdem bieten sich für Blutarme zwei *Kräutertees* an:

Kamillenblüten,
Johanniskraut,
je 3 Finger voll,
Wermutblätter, 1 Prise
mit 1/2 l Wasser
aufkochen. Ziehen lassen, absieben.

10 g Melisse
mit 1 l Wasser
aufbrühen. Ziehen lassen und durchsieben.

Beide Tees können warm oder auch kalt getrunken werden. Täglich dreimal eine Tasse, den ersten Tee schluckweise über den Tag verteilen. Vielleicht schmeckt Ihnen aber dieses Getränk besser, das ebenfalls die Blutbildung fördert: 2–3 Finger voll *Wermutblätter in 1/2 l Rotwein* zum Kochen bringen. Kurz ziehen lassen und abseihen. Eine kleine Tasse auf den Tag verteilen.

Das Nützliche mit dem Angenehmen verbindet der Genuß von *Enzianwein*, dessen Zubereitung auf Seite 114 beschrieben wird. Und um gleich bei »geistigen« Rezepturen zu bleiben, noch etwas Feines zur *Stärkung* (auch wenn Sie nicht blutarm sind, schadet es Ihnen bestimmt nicht): 1–2 Eigelb mit Zucker verrühren und mit etwas Kognak oder Malaga mischen und trinken.
Ein *Tip* fürs Frühjahr: Sammeln Sie *jungen Löwenzahn* und bereiten Sie ihn (ohne Stengel) als *Salat* zu, z.B. mit einer Essig-Öl-Marinade mit Dill und Petersilie. *Er enthält viel Eisen.* Und schmecken tut er auch.
Wichtig: Bei Ohrensausen, Schwindel, Erschöpfung, schlechtem Schlaf, Kribbeln in den Gliedern, kalten Händen und Füßen immer den Arzt aufsuchen. Denn manchmal ist die Anämie eine Begleiterscheinung einer ernsthaften Erkrankung.
Zur Behebung oder doch zur Linderung der Eisenmangelanämie sollte man dem Körper mit der Nahrung möglichst viel Eisen zuführen. *Zum Beispiel rohe oder halbrohe Leber* (mag nicht jeder, aber sehr wirksam!), viel Blattgemüse wie Spinat oder Sauerkraut, dann Pflaumen, Aprikosen, Pfirsiche (möglichst roh essen). Auch *Vitamin C* ist wichtig, Sie finden es besonders reichlich in schwarzen Johannisbeeren, Sanddorn, Hagebutten, Apfelsinen und natürlich in der guten alten Zitrone.

Leber
hat Eisen

Blutdruck, erhöhter

Aus meiner Erfahrung mit vielen Patienten kann ich nur den Rat geben: Wer an zu hohem Blutdruck leidet, sollte *immer unter ärztlicher Kontrolle* bleiben. Die folgenden Anwendungen können die Behandlung Ihres Arztes unterstützen, bitte fragen Sie ihn, bevor Sie sie durchführen.

Weißdorn senkt Blutdruck

Blutdruck senkende Wirkung haben unter anderem die Mistel und der Weißdorn. Hier drei verschiedene Anwendungen dieser Heilpflanzen:

Kräuterauszug:
Mistelblätter 30 g,
Weißdornblüten 20 g,
Faulbaumrinde 20 g,
Thymianblätter 20 g,
Weidenrinde 10 g.
Die Kräuter werden in eine Mischung aus 1 l trockenem Weißwein und 200 g reinem Alkohol gelegt. Sie sollten darin 10 Tage ziehen. Man trinkt von der abgeseihten Flüssigkeit täglich dreimal 1 Süßweinglas zwischen den Mahlzeiten.

Tee:
Erdrauch 40 g,
Misteläste 30 g,
Sauerampferwurzeln 20 g,
Weißdornblüten 20 g,
Ginsterblüten 20 g (nur in *voller* Blüte).

Von dieser Mischung nimmt man 2 Eßlöffel, überbrüht mit $^{1}/_{2}$ l kochendem Wasser, läßt ziehen und seiht ab. Empfehlenswert ist *dreimal täglich 1 Tasse* zwischen den Mahlzeiten.

Auszug:
Knoblauchzehen, geschnitten 100 g,
Mistelästchen 50 g
10 Tage lang in 300 g Branntwein (Korn, Obstschnaps, Gin) ziehen lassen. Durchseihen und zweimal täglich 1 Teelöffel mit etwas Zuckerwasser nehmen.

Als Tee kommt auch noch Rautentee in Frage. Man nimmt 1 Prise Rautenblätter auf 1 Tasse Wasser. Morgens und abends je 1 halbe kleine Tasse trinken. *Achtung: Schwangere keine Heilmittel einnehmen, die Raute enthalten.* Es besteht die Gefahr einer Fehlgeburt (siehe auch Seite 18).

Blutdruck, niedriger

Unter zu niedrigem Blutdruck leiden sehr viele Menschen, vor allem Frauen. Zum Glück ist diese Störung von einigen extremen Fällen abgesehen weitaus harmloser als der erhöhte Blutdruck. Es gibt ein paar gute Mittel aus der »Natur-Apotheke«:

Hirtentäschchen 20 g,
Walnußblätter 30 g,
Blutwurz, Wurzeln 20 g,
Koriandersamen 10 g,
Melissenblätter 20 g.
Für einen Aufguß mit 1/2 l kochendem Wasser nehmen Sie 2 Eßlöffel dieser Mischung. Wie immer ziehen lassen und abseihen. Man trinkt über einen längeren Zeitraum hinweg regelmäßig 1 Tasse nach jeder Mahlzeit.

Walnußblätter 30 g,
Rautenblätter 20 g,
Bockshornklee, Samen 30 g,
Maiglöckchen, blühende Pflanze 15 g,
Baldrianwurzeln 20 g.
Die Kräuter in 1 l gutem Marsala oder einem anderen Südwein 10 Tage lang ziehen lassen. Dann durchseihen. Nach jeder Hauptmahlzeit wird ein Südweinglas voll getrunken.
Achtung: Das Maiglöckchen ist giftig! Befragen Sie vorher Ihren Arzt.

Maiglöckchen sind giftig!

Angelika
Arnika
Baldrian
Efeu

Bronchitis, Husten

In meiner Arbeit als Gemeindeschwester wurde ich wohl am häufigsten von Menschen angesprochen, die ein gutes Hustenmittel suchten. Die Natur kann hier sehr gut helfen, denn viele Pflanzen enthalten hustenlösende Substanzen; manche, wie die Königskerze (Wollblume), das Veilchen oder der Thymian, wirken sogar sowohl auswurffördernd wie reizmildernd. Die bevorzugte Anwendungsform ist der *Sirup*, der sich auch gut selbst herstellen läßt. Die folgenden Rezepturen sind nicht nur für die akute und chronische Form des Bronchialkatarrhs geeignet, sondern auch für den Husten, der so oft einen grippalen Infekt begleitet.

Sirup zum Schleim-lösen

Hier nur einige Vorschläge zum Selbstherstellen eines wirksamen Sirups:

Königskerzen-Sirup:
Königskerzenblüten (Wollblume) so mit kochendem Wasser übergießen, daß sie gut bedeckt sind. 24 Stunden ziehen lassen. Durch ein Tuch abseihen und dann mit 1 kg Zucker pro Liter Saft zu einem Sirup einkochen. *Bei Hustenanfällen 2–3 Teelöffel* voll nehmen oder mit heißem Wasser als Tee trinken.

Tannenspitzen-Sirup:
1 kg frische Tannenspitzen (im Frühjahr pflükken) 24 Stunden in 3 l Wasser einweichen. Danach $^1/_4$ Stunde kochen. Absieben. Auf $^1/_2$ l

Flüssigkeit 500 g Zucker zugeben. So lange kochen, bis man einen braunen Sirup erhält. Täglich 2–3 Teelöffel nehmen.

Zwiebel-Sirup:
Zwiebel, zerschnittene 500 g,
Honig 80 g,
Zucker 400 g
in 1 l Wasser 3 Stunden lang kochen. Abkühlen lassen und durchsieben. In Flaschen füllen. Täglich 4–5 Eßlöffel *lauwarm nehmen.*

Hustensirup:
Fenchel 12 g,
Isländisch Moos 12 g
in 1 l Wasser kochen. Absieben und 250 g Kandiszucker zugeben. Nochmals kochen, bis der Zucker dick vom Löffel tropft. Man nimmt alle 3 Stunden 1 Eßlöffel voll.

Alle
3 Stunden
1 Eßlöffel

Auch das Veilchen fördert *bei trockenem Husten* die Schleimabsonderung. Hier zwei Rezepturen:

Veilchen-Sirup:
50 g Veilchenblüten werden mit
$^1/_2$ l kochendem Wasser überbrüht.
24 Stunden ziehen lassen. 150 g Zucker zugeben und 20 Minuten auf kleiner Flamme kochen lassen. Durchseihen. Man nimmt bei Husten 1 Teelöffel voll.

Veilchen
gegen
Husten

Veilchen-Tee:
5 g Veilchenblüten mit
1/2 l kochendem Wasser übergießen. Ziehenlassen und durchseihen. Nach Bedarf trinken. Dasselbe gilt für den

Thymian-Tee:
6–8 g Feldthymian mit
1 l kochendem Wasser überbrühen. Ziehen lassen und durchseihen. Sie können auch gerebelten Thymian nehmen.

Wer an chronischem Husten leidet oder wer *chronisch heiser* ist, bereite sich diesen Sud:
1 Handvoll Breitwegerich (Kraut, Blüten und Samen),
1–2 Handvoll Wacholderbeeren
in 1 l Wasser 3 Stunden lang kochen. Abseihen und die Brühe mit Zucker (nach Geschmack) zugedeckt 5 Stunden lang ziehen lassen. Von diesem Saft trinke man morgens nüchtern und abends vor dem Schlafengehen eine kleine Tasse.
Als *Hustenmittel zum Einreiben* schneidet man 1 Handvoll Lauch klein und kocht ihn langsam mit 200 g Schweineschmalz so lange, bis der Lauch braun wird.

Hilfreiches Prost!

Zum Abschluß nenne ich Ihnen aber noch eine erfreulichere Medizin, nämlich meinen *Tannenspitzen-Likör*, den Sie auf Seite 120 finden.

Brustdrüsenentzündung

Bei Brustdrüsenentzündungen im Wochenbett, bei der eine Infektion vorliegt, ist immer ärztliche Hilfe vonnöten. Es gibt aber auch leichtere Formen, z.B. kann es in der Pubertät zu einem vorübergehenden *Anschwellen der Brust* kommen. Hier helfen oft schon Umschläge:

Aufrechtes Glaskraut, frische Blätter 50 g,
Fenchel, frische Blätter 50 g.
Beide Kräuter mit dem Wiegemesser ganz klein schneiden oder in den Mixer geben, danach gut mischen. Daraus einen *Umschlag* machen, der mehrmals täglich erneuert wird.

Warme Umschläge

Zwiebeln 100 g,
Lilienzwiebeln 100 g,
Holunderblätter 30 g,
Malvenblätter 30 g.
Dies alles wird in etwas Wasser zu einem Brei gekocht, mit dem *warme Umschläge* gemacht werden. Ebenfalls mehrmals täglich erneuern.

Darmkolik

Kamille und Pfefferminz

Darmkoliken oder Darmkrämpfe können manchmal auf eine sehr ernste Erkrankung (z.B. Darmverschluß) hinweisen, haben aber ähnlich dem Durchfall oft auch harmlosere Ursachen wie z.B. versetzte Blähungen. In solchen leichteren Fällen hilft oft schon ein heißer *Essigwasser-Umschlag auf den Unterleib*, der alle 15 Minuten erneuert werden sollte. Ein Kamillen- oder ein Pfefferminztee wirkt ebenfalls meist schnell lindernd. Hier die Rezepturen:

Tee Nr. 1:
10 Köpfe Kamillen
in 1/4 l Wasser zum Kochen bringen, ziehen lassen, durchseihen.

Tee Nr. 2:
15 g Pfefferminzblätter
in 1/2 l Wasser aufkochen, kurz ziehen lassen und abseihen.
Beide Tees werden nach Bedarf getrunken.

1 Gläschen Wermutwein

Auch mein Wermutwein Nr. 1 (S. 121) hilft bei Krämpfen. Nehmen Sie aber *nur ein Likörglas* voll vor jeder Mahlzeit.

All denen, die zu Darmbeschwerden dieser Art neigen, nenne ich noch zwei Tees, die Sie, wenn der Arzt einverstanden ist, als Kur 4 Wochen lang trinken sollten, und zwar täglich jede Stunde schluckweise eine Tasse.

Tee Nr. 3:
Eichenblätter 10 g,
Hirtentäschel 4 g,
Spitzwegerich 6 g
in 1 l kaltem Wasser aufkochen. Ziehen lassen. Durchseihen.

4 Wochen
Teekur

Tee Nr. 4:
Erdbeerblätter 4 g,
Bibernelle 6 g,
Tormentill 6 g,
Tausendgüldenkraut 4 g
in 1 l kaltem Wasser aufkochen. Ebenfalls ziehen lassen und durchseihen.

Durchfall

Meine Rezepte sind für harmlose Fälle bestimmt, nicht für Durchfälle, die als Folge einer Infektion oder einer schweren Vergiftung auftreten. Aber wenn Ernährungsfehler, Alkoholmißbrauch, Unterkühlungen oder auch starke Aufregungen die gefürchtete »durchschlagende Wirkung« haben, leisten die folgenden Tees gute Dienste:

Tee Nr. 1:
1 Handvoll Brombeerblätter mit $^{1}/_{2}$ l Wasser aufbrühen, ziehen lassen und abseihen.

Tee Nr. 2:
1 Handvoll Wegtritt (Vogelknöterich) in
1 l Wasser
aufkochen. Ziehen lassen und durchsieben.
Beide Tees werden nach Bedarf getrunken. Zu empfehlen ist jeweils eine Tasse vor den Mahlzeiten.

Auch Hochprozentiges kann helfen

Auch bei Durchfall kann Alkoholisches hilfreich sein. Zum Beispiel ein Gläschen *Enzianschnaps*. Oder der Wermutwein Nr. 1 von Seite 121. Oder man übergießt 25 g Zucker mit einem Glas Branntwein und zündet das Gemisch an. Nach dem Flambieren heiß trinken.
Und wieder beweist die *Kamille ihre heilenden Kräfte*. Ein Säckchen, mit angewärmten Blüten gefüllt und auf den Leib gelegt, wirkt beruhigend.

Farnkraut

Gänsefingerkraut

Heublumen

Holunder

Ekzem, Flechten

Diese Hauterkrankung ist oft sehr hartnäckig und spricht auch auf moderne medizinische Präparate manchmal nicht so recht an. In solchen Fällen kann es sich durchaus lohnen, die nachstehenden Behandlungsvorschläge einmal auszuprobieren.

Stiefmütterchen für Tee und Kompressen

Ich empfehle vor allem das *Stiefmütterchen* (das man auch Dreifaltigkeitsblume nennt), weil man es sowohl innerlich wie auch äußerlich anwenden kann. Innerlich als *Blutreinigungsmittel* und zum Ausschwemmen giftiger Stoffwechselprodukte aus dem Darm, äußerlich als Kompresse auf die befallenen Hautstellen. Am wirkungsvollsten ist die Kur, wenn die ganze *Pflanze samt Wurzeln* verwendet wird.

Ich nehme 1 gestrichenen Eßlöffel der getrockneten und kleingeschnittenen Pflanze und koche sie mit 1 Tasse kaltem Wasser kurz auf. Nach dem Abseihen jeweils zu den Mahlzeiten trinken.

Die gleiche Abkochung verwende ich, um einen Mullappen oder ein Mulltuch damit zu tränken und als *Kompresse* aufzulegen. Am besten zwei- bis dreimal täglich wiederholen.

Und hier noch ein paar Anwendungen:

Tee:

Löwenzahnwurzeln 20 g,
Faulbaumrinde 20 g,
Tüpfelfarn-Knollen 10 g,
Veronikablätter 10 g.

Diese Mischung wird mit 1 l Wasser zum Kochen gebracht, 15 Minuten köcheln lassen, abseihen. Man trinkt *morgens nüchtern und abends vor dem Schlafengehen* jeweils 1 Glas.

Kräuterauszug:
Klettenwurzeln 40 g,
Sandseggenblätter 30 g,
Walnußblätter 20 g.
Diese Mischung in 1 l Weißwein und 200 g reinem Alkohol 24 Stunden lang zugedeckt ziehen lassen. Man nimmt jeden Tag 3 Süßweingläser, jeweils eins zwischen den Mahlzeiten, zu sich.

Umschläge:
Lupinensamen 100 g,
Minzeblätter 20 g
mit 1 l kochendem Wasser übergießen und 30 Minuten schwach kochen lassen. Dann abseihen. *Mehrmals täglich warme Umschläge* mit Leinenlappen machen, die mit dieser Flüssigkeit getränkt wurden.

Erkältung, Grippe

Ein altbewährtes Rezept bei Erkältung und Grippe – womit nicht eine Virusgrippe, sondern ein sogenannter »grippaler Infekt« gemeint ist – ist ein *Kopfdampfbad* mit Heublumen. Man nimmt von ihnen eine gute Handvoll pro Liter heißes Wasser, läßt sie dann ziehen und atmet den Dampf, mit einem großen Handtuch über Kopf und Topf, ein. Statt der Heublumen kann man auch Kamille nehmen. Ebenfalls eine Handvoll pro Liter. Die Wirkung wird verstärkt, wenn man *anschließend noch ein heißes Fußbad* nimmt.

Zum Ausschwitzen einer Erkältung eignet sich *Boretsch-Tee.* Man nimmt 100 g Boretsch für 1/2 l Wasser, das man langsam zum Kochen bringt. Nach dem Ziehen – 10 bis 15 Minuten lang – und Abseihen wird der Tee *so heiß getrunken, wie man es vertragen kann.*
Außerdem kann ich folgende Tees bei Erkältung und Grippe empfehlen:

Tee Nr. 1:
Malvenblüte, frische,
Pfefferminzblätter,
Schlüsselblumenkraut und -blüten
zu gleichen Teilen, zusammen 25 g, mit 1 l kaltem Wasser langsam zum Kochen bringen. Topf sofort vom Feuer nehmen, durchseihen. Dreimal täglich 1 Tasse trinken.

Tee Nr. 2:
Spitzwegerich 3 Finger voll,
Schafgarbe 3 Finger voll,
Zinnkraut 3 Finger voll,
Wermutblätter 1 Prise
mit 1 l kaltem Wasser aufkochen, ziehen lassen, abseihen. Täglich dreimal 1 Tasse trinken.

Tee Nr. 3:
Schwarze Johannisbeere 13 Blätter,
Schwarzdorn 13 Blätter,
Boretsch 3 Finger voll,
Weißdornblüten 10–12 Stück
durcheinandermischen. In 1 l kaltem Wasser aufkochen, kurz ziehen lassen und abseihen. Mehrmals täglich 1 Tasse trinken.

Zum Senken des Fiebers

Als *fiebersenkendes Mittel* haben sich folgende Tees bewährt:
Tee Nr. 1:
3 Finger voll Rainfarnblüten in
$^1/_2$ l Milch kochen, durchseihen.
Alle 2 Stunden 1 Eßlöffel voll nehmen.

Tee Nr. 2:
Stechpalmenblätter,
Eisenkraut,
Holunderblätter,
Veilchenblätter,
Rosmarinblüten,

zusammen etwa 8 g, mit 1 l Wasser aufkochen. Ziehen lassen und abseihen. Dreimal täglich 1 Tasse trinken oder über den Tag verteilt *schluckweise trinken.*

Tee Nr. 3:
Salbeiblätter und -blüten,
Johanniskrautblüten,
zusammen 15 g, mit 1 l Wasser aufkochen. Ziehen lassen, abseihen. Anwenden wie Tee Nr. 2.

Tee Nr. 4:
Petersiliensamen,
Eschenrinde, zerbröselt,
zu gleichen Teilen mischen. 30 g in 1 l Wasser kochen und 10 Minuten ziehen lassen. Abseihen. Anwendung wie bei den letzten Tees.

Furunkel

Bei der Furunkulose habe ich mit einer *Zwiebelauflage* gute Erfahrungen gemacht. Eine Zwiebel wird im Ganzen gekocht und dann auch möglichst ganz aufgelegt. Ein Tuch drumbinden und möglichst lange einwirken lassen.

Zwiebeln auflegen

Als *Pflaster* eignet sich eine Abkochung von
Bockshornklee, Samenmehl 150 g,
Königskerzenblätter (Wollblume) 100 g.
Mit 1 Tasse Wasser 15 Minuten lang kochen.
Die Auflage mehrmals täglich erneuern.

Eine andere Mischung:
30 g frische Königskerzenblätter und 30 g frische Blätter vom Aufrechten Glaskraut werden in einem Mörser fein zerstoßen und mit Wasser zu einem Brei angerührt. Auch diese *Pflasterauflage* muß mehrmals täglich erneuert werden.

Bei der Furunkulose kommt es sehr darauf an, die Abwehrkräfte des Körpers zu stärken, damit nicht wieder neue Furunkel entstehen. Dazu eignet sich folgender Tee:

Abwehrkräfte stärken!

Boretschblätter 30 g,
Bittersüß, Spitzen 30 g,
Blutweiderich, Spitzen 30 g,
Sauerampferwurzeln 30 g.
Von dieser Mischung nimmt man 3 Eßlöffel für einen Aufguß mit 1/2 l kochendem Wasser. 15 Minuten ziehen lassen, abseihen. Am besten trinkt man täglich dreimal 1 Glas.

Gallenleiden

Gegen Steine: Olivenöl

Zum Austreiben von Gallensteinen und Gallengrieß kann ich die bekannte *Olivenölkur* nur empfehlen. Ich habe sie nämlich am eigenen Leibe ausprobiert: Morgens trank ich nüchtern ein Glas Olivenöl, legte mich dann auf die rechte Seite ins Bett, und schon nach 2 Stunden fing der Grieß an abzugehen. Gewöhnlich muß man zur Vorbereitung 14 Tage lang vorher morgens und abends 1 Eßlöffel voll Olivenöl nehmen. In meiner Gemeinde hatte ich eine Frau, die verlor durch die Ölbehandlung 25 Steine.

Sehr wichtig: Das Olivenöl kann seine heilsame Wirkung nur entfalten, wenn es nicht ausgebleicht und raffiniert, sondern *kaltgeschlagen und unverfälscht* ist.

Gut ist dieser Aufguß: 10 g Efeublätter und 4 g Tausendgüldenkraut in 1/2 l trockenem Weißwein sieden. Von dem abgeseihten Getränk nimmt man täglich 4 Eßlöffel voll zu sich. Und das zwei Wochen lang.

Und hier noch ein guter *Gallentee*:
Birkenblätter 10 g,
Ginsterblüten 10 g,
Zinnkraut 10 g,
Wermutblätter 5 g
in 1/2 l Wasser 10 Minuten kochen. Vor den Mahlzeiten jeweils 1 Tasse lauwarm trinken.

Huflattich

Isländisch Moos

Johanniskraut

Kamille

Gicht

An dieser schweren und auch sehr schmerzhaften Erkrankung sollte man auf keinen Fall allein herumdoktern, so viel Rezepturen auch die alte Volksheilkunde gegen sie zu nennen weiß. Doch gibt es wertvolle pflanzliche Mittel, die dank ihrer *günstigen Stoffwechselbeeinflussung* die ärztliche Behandlung unterstützen können.

Zehnkräutertee:
Bibernelle,
Ehrenpreis,
Brennesselblätter,
Hauchechelwurzel,
Johanniskraut,
Wiesenschaumkraut,
Lavendelblüten,
Majoran,
Veilchenblüten,
von jedem 20 g,
und
Birkenblätter 40 g.
Von dieser Mischung nimmt man 2 Eßlöffel für einen Aufguß mit 1/2 l kochendem Wasser. Gut ziehen lassen, abseihen und dreimal täglich eine Tasse trinken.

Klette reinigt das Blut

Auch die *blutreinigende Klettenwurzel* möchte ich gegen Gicht empfehlen. Man kocht 130 g zehn Minuten lang in 2 l Bier. Von diesem Sud trinkt man 8 Tage lang täglich vor dem Mittagessen 1 Glas.

Oder man schneidet Königskerzenwurzeln klein, kocht einen flachen Eßlöffel davon in 1/4 l Milch auf, seiht durch und trinkt die Milch morgens auf nüchternen Magen.
Schmerzende Stellen kann man täglich drei- bis viermal mit Rapsöl oder mit Arnikatinktur (siehe Seite 19) einreiben. Oder man legt ein kleines *mit Farnkraut gefülltes Kissen* auf. Bei Fußgicht sollte man frisches Birkenlaub in einen Sack füllen und den Fuß hineinstecken, 1–2 Stunden oder auch länger. Die Wärme lindert die Schmerzen.
Man kann den Fuß auch *in Sauerkraut »baden«* oder Umschläge mit Lehm machen, den man zuvor mit Essigwasser verrührt. Diese Umschläge tun auch von Gicht befallenen Fingern gut.

Kissen mit Farnkraut

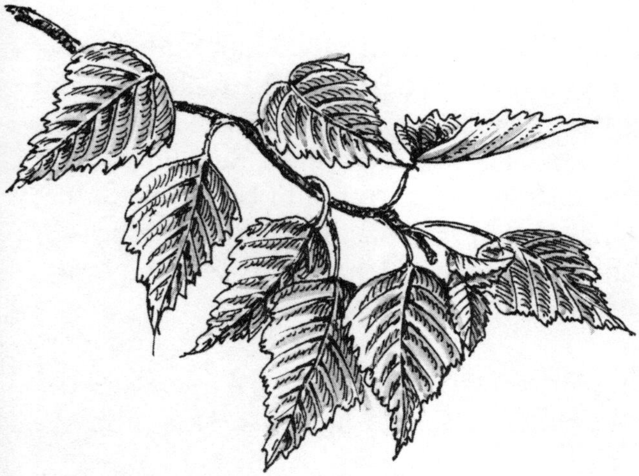

Hämorrhoiden

Gegen dieses weitverbreitete Leiden – zwei von drei Menschen haben in ihrem Leben irgendwann einmal solche Beschwerden – kann ich eine ganze Reihe wirksamer Mittel empfehlen:

Warme Sitzbäder lindern

Sitzbad:
Man macht einen Sud aus Spitzwegerichblättern. In 1 l Wasser kocht man eine Handvoll Blätter. Diesen Sud gibt man nach dem Abseihen in das mäßig warme Sitzbad. Man kann beim ersten Bad mit 30 Grad anfangen und dann bis 20 Grad nach und nach heruntergehen. Ein Bad sollte 5–10 Minuten dauern.

Kompressen:
4 Köpfe Kamille in 1/4 l Wasser 5 Minuten lang kochen. Abkühlen lassen, einen Leinenlappen mit der Flüssigkeit tränken, mehrmals auflegen.

Salbe:
Auch eine Hämorrhoidalsalbe kann man sich selbst zubereiten. Man kocht 12 Efeublätter und 8 Breitwegerichblätter in 125 g Schmalz, *bis die Blätter braun werden.* Abseihen, auskühlen lassen und auch kühl lagern, dann bleibt die Salbe auch längere Zeit haltbar. Sie kann äußerlich und innerlich angewendet werden. Zweimal täglich auftragen.

Salbe selber zubereiten

Tee:
20–30 g Brennesselblätter in 1 l Wasser aufkochen. Abseihen. Dreimal täglich 1 Tasse trinken.

Halsweh, Heiserkeit

Bei Halsentzündungen, wie sie im Gefolge von Erkältungen auftreten, mache ich *Umschläge mit angewärmten, rohen Zwiebeln.* Und zum Gurgeln empfehle ich einfachen Zitronensaft. Oder Brennesselsaft, den man am besten fertig kauft. Zur Linderung können *Sellerieblätter* beitragen, die in Wasser gekocht werden: 20–30 g auf 1 l. Abseihen und 1 Eßlöffel voll morgens nüchtern mit einem Glas warmer Milch trinken.
Bei Heiserkeit hilft Salbei. Man bringt 1 Handvoll Salbeiblätter in $1/2$ l Wasser zum Kochen, läßt noch ein wenig ziehen, seiht durch und fügt 1 Eßlöffel Honig und 1 Teelöffel Essig zu. Gut durchrühren. Die Mischung dient zum Gurgeln.

Salbei hilft bei Heiserkeit

Auch mit *Arnikatinktur* (s. S. 19) kann man die Heiserkeit bekämpfen. Man nimmt 10–12 Tropfen mit einem Glas heißem Wasser.

Zum Schluß soll noch einmal die Zwiebel zu Ehren kommen. Der *Zwiebelsirup*, den wir schon auf Seite 41 kennengelernt haben, tut auch bei Heiserkeit gute Dienste.
Wenn sich die Halsentzündung auf die Ohren auswirkt und dort zu Schmerzen führt, empfehle ich ein *Kamillendampfbad* – den Dampf leitet man am besten mit einem Trichter direkt ans Ohr. Man kann auch ein paar Tropfen leicht angewärmtes Johanniskrautöl ins Ohr träufeln.

Herzklopfen, nervöses

Baldrian beruhigt

Das Mittel Nr. 1 ist natürlich *Baldrian.* Man gibt von meiner (auf S. 20 beschriebenen) Tinktur 10–12 Tropfen in eine gewöhnliche Tasse Tee. Sehr gut ist auch folgende Kombination: 1 Teelöffel Fenchelkörner in 2 Tassen Wasser schütten, 10 Minuten kochen lassen, abseihen. Von der Abkochung trinkt man eine kleine Tasse, der man 20 Tropfen Baldrian zugesetzt hat.
Oft hilft gegen Herzklopfen schon Zuckerwasser mit einer Zitronenscheibe. Auch der *Rautenlikör* (s. S. 117) tut gute Dienste.

Herzklopfen kann nervlich bedingt sein oder als verhältnismäßig harmloses Symptom in den *Wechseljahren* auftreten, es kann aber auch auf eine ernsthafte Erkrankung hinweisen. Deshalb möchte ich Ihnen hier nochmals ans Herz legen: Gehen Sie zum Arzt, wenn Sie irgendwelche außergewöhnlichen Symptome feststellen.

Herzschwäche

Für die leichtere Form der Herzschwäche gibt es viele gute Kräuteranwendungen, die sich im allgemeinen auch mit den vom Arzt verschriebenen Mitteln gut vertragen. Zur Sicherheit sollten Sie aber, wenn Sie meine Vorschläge aufgreifen wollen, *den Arzt vorher befragen.*
An erster Stelle möchte ich eine *Kur* mit zwei Tees empfehlen, die acht Tage lang dauert:

Herz-Tee Nr. 1:
Arnikablüten, Rosmarin, Weißdornblüten, Vogelmiere.
Von allen Kräutern je 3 Finger voll (Weißdorn nur 6 Blüten!) nehmen, mit 1/2 l kochendem Wasser übergießen, 15 Minuten ziehen lassen, abseihen.

Herz-Tee Nr. 2:
Baldrianwurzel, Melisse, Nelkenwurz, Lindenblüten.
Ebenfalls von allen Kräutern je 3 Finger voll für einen Aufguß wie bei Tee Nr. 1 nehmen.
Nun trinkt man *4 Tage lang den Tee Nr. 1* und die nächsten *4 Tage den Tee Nr. 2*, immer eine halbe Stunde vor dem Schlafengehen.

Weißdorn-Likör

Ein sehr wirksames Herzmittel ist Weißdorn, der ja schon im Herz-Tee Nr. 1 eine wichtige Rolle spielt. Man kann ihn aber auch in angenehmerer Weise zu sich nehmen, nämlich als Likör. Das Rezept steht auf Seite 121.

Heuschnupfen

Beim Heuschnupfen, der die von ihm Geplagten alljährlich im Frühjahr und im Frühsommer heimsucht, ist in vielen Fällen eine *Anregung der Darm- und Leberfunktion* sehr empfehlenswert. Dazu eignet sich der folgende Kräutertee:
Faulbaumrinde,
Melissenblätter,
Odermennigkraut,
Pfefferminzblätter.
Von jedem 20 g nehmen, zusammenmischen.

Schon im Winter vorbeugen

Für einen Aufguß nimmt man 1 Eßlöffel Kräutergemisch je Tasse. Man sollte *schon im Winter anfangen*, morgens und abends jeweils 1 Tasse zu trinken, damit die Wirkung zur Heuschnupfenzeit einsetzen kann. Gleichzeitig sollte man sehr viel *Rohkost* zu sich nehmen.

Ist der Heuschnupfen da, wirken *Kopfdampfbäder mit Fichtennadel, Kamille und Schafgarbe*, je 1 Teelöffel voll auf 1 l kochendes Wasser, lindernd.

Zur Behandlung des Heuschnupfens eignet sich auch die folgende Abkochung:
Olivenblätter 30 g,
Mistelzweige 20 g,
Eukalyptusblätter 10 g
in 1 l kochendes Wasser werfen, 15 Minuten kochen lassen. Abseihen. Man trinkt täglich 3 Gläser zwischen den Mahlzeiten.

Hexenschuß

Bei Hexenschuß ist es immer gut, *tüchtig zu schwitzen.* Dabei hilft einem ein heißer Holunderblüten-Tee. Man übergießt 4 Eßlöffel Blüten mit 1 l kochendem Wasser, läßt zugedeckt 15 Minuten ziehen und seiht dann ab. Jede halbe Stunde sollte 1 Tasse getrunken werden. Die schweißtreibende Wirkung der Holunderblüten können Sie verstärken, wenn man zur Hälfte Lindenblüte beigibt und dem Tee außerdem 2 Teelöffel Zitronensaft zusetzt.

Tüchtig schwitzen!

Außerdem rate ich Ihnen, den Rücken stündlich *mit sehr warmem Essigwasser abzuwaschen.* Man nimmt einen kräftigen Schuß Essig auf 1 l Wasser.

Bei starken Schmerzen hilft *die Auflage von Heublumen- oder Kamillensäckchen.* Zwei Handvoll Heublumen oder Kamillen werden in einem Topf trocken erhitzt (einen Schuß Essig zugeben), dann in ein Leinensäckchen gefüllt und auf die schmerzende Stelle gelegt.

Heublumen auflegen

Günstig einwirken auf den Hexenschuß kann auch eine *Wacholdertinktur.* 3–4 Eßlöffel Wacholderbeeren werden zerquetscht und mit 1 l Branntwein (Korn, Obstschnaps, Gin) oder Wein angesetzt. Das gut verschlossene Glas stellt man 14 Tage in die Wärme. Danach wird durchgeseiht. Man nimmt 2 Wochen lang morgens und abends je 15–20 Tropfen auf ein Stück Zucker oder in $^1/_2$ Glas Wasser.

Ischias

Das A und O jeder Behandlung ist Wärme. Ich rate oft, einfach *überbrühte, warme Kohlblätter aufzulegen.* Auch Hahnenfußkompressen bringen Linderung. Zwei Handvoll Hahnenfuß werden in 1 l Wasser abgekocht. Nach dem Durchseihen wird ein Leinenläppchen mit der warmen Flüssigkeit getränkt, leicht ausgedrückt auf die schmerzende Stelle gelegt. Darauf kommt dann noch ein angewärmtes, trockenes Handtuch. Diese Kompresse wird mehrmals täglich gewechselt.

Schön warm müssen auch die *Heublumen-Wikkel* sein, die sich bei Ischias ebenfalls bewährt haben. Kochen Sie 2 Handvoll Heublumen $^1/_2$ Stunde lang in 1 l Wasser. In der abgesiebten Flüssigkeit ein Leinentuch tränken, ausdrücken und möglichst breit auf die gesamte Kreuz- und Gesäßpartie legen.

Altes Volksmittel: Kastanien

Auch ein Säckchen, das mit *frischen, zerschnittenen Farnwurzeln gefüllt* und auf die schmerzende Stelle aufgelegt wird, ist oft sehr wirkungsvoll. Ich möchte noch an ein uraltes Volksmittel erinnern. Das sind *3 Roßkastanien*, die man, wie man hier bei uns sagt, im Hosensack tragen soll. Sie wirken *vorbeugend gegen Ischias und Hexenschuß.* Ich habe die Heilwirkung der Roßkastanien kennengelernt und trage sie deshalb auch immer in der Tasche meiner Kutte.

Kopfschmerzen

Meine Empfehlungen gelten nicht dem Kopfschmerz, der durch organische Krankheiten oder Neuralgien bedingt ist, sondern jener Art von Kopfschmerzen, die als Folge von Streß, einer ungesunden Lebensweise oder auch einer gewissen Veranlagung auftreten.

Für diese *nervösen Kopfschmerzen* ist Melissentee ein sehr gutes Mittel. 8–10 g Melissenblätter werden mit 1/2 l Wasser aufgekocht. 10 Minuten ziehen lassen und abseihen. Trinken Sie täglich morgens und abends 1 Tasse.

Melisse entkrampft

Auch die folgende *Abkochung mit Flüssigextrakten* ist sehr zu empfehlen:
Passionsblume 5 g,
Baldrian 10 g,
Ginster 10 g,
Weide 5 g,
Kamille 20 g.

Diese Extrakte, die Sie in der Apotheke bekommen können, werden 10 Minuten lang in 1 l Wasser gekocht. Von der Flüssigkeit nimmt man dreimal täglich zwischen den Mahlzeiten je 1 Eßlöffel mit 1 Likörglas Honigwasser.

Und zum Schluß ein etwas *ungewöhnliches Mittel,* dessen gute Wirkung ich aber oft beobachten konnte: *Man gibt 3 Teelöffel Salz in 1/2 l Kirschwasser* und schüttet 1 Teelöffel davon in ein Glas heißes Wasser. Das trinkt man dann in langsamen Schlucken.

Krampfadern

Krampfadern sind zwar bei Frauen weit verbreitet und oft verursachen sie auch gar keine Beschwerden. Doch auch in solchen Fällen sollte man etwas tun, damit es nicht zu einer Verschlimmerung, womöglich gar zur Geschwürbildung (offenes Bein) kommt. Denn schließlich deuten Krampfadern ja nun einmal auf eine Gefäßschwäche oder Gefäßüberlastung hin.

Kalte Wickel um die Beine

Zur *äußerlichen Anwendung* rate ich Ihnen, täglich kalte Wickel um die Beine mit folgendem Absud zu machen: 1 Handvoll Zinnkraut wird in 1 l Wasser gekocht. 10 Minuten ziehen lassen und absieben. Statt Zinnkraut können Sie auch 1 Handvoll Eichenrinde nehmen.

Gut wirken auch *kühlende Auflagen aus rohen Kartoffeln oder Weißkraut.* Auch Huflattich – und Salatblätter – eignen sich dazu. Die Auflage wird erneuert, sobald sie warm geworden ist. Man kann auch *trockene Heublumen-Umschläge* machen. Die Heublumen werden trocken in einem Topf aufs Feuer gestellt; damit sie nicht verbrennen, wird ein wenig Essig dazugetan. Dann werden sie in einem Leinentuch um das Bein gelegt, das man natürlich hochlegen muß.

Mit rohen Kartoffeln kühlen

Zur *inneren Anwendung* ein paar Vorschläge für verschiedene Tees:

Tee Nr. 1:
Benediktenkraut,
Wiesenkönigin,
Melissenblätter,
Vogelmiere
zu gleichen Teilen mischen. Man nimmt 3 Finger voll auf 1 Tasse Wasser, läßt nach dem Kochen 10 Minuten ziehen und seiht dann ab. Nach jeder Mahlzeit 1 Tasse trinken.

Auch Tee kann helfen

Tee Nr. 2:
Salbeiblätter,
Tormentillwurzeln, kleingeschnitten,
Zinnkraut
zu gleichen Teilen mischen. 3 Finger voll mit 1 Tasse kochendem Wasser überbrühen, ziehen lassen, abseihen. Täglich 2 Tassen trinken.

Tee Nr. 3:
Angelikawurzel 40 g,
Faulbaumrinde 30 g,
Honigklee (Steinklee) 20 g,
Enzianwurzeln 10 g.
Von dieser Mischung nimmt man 1 Eßlöffel für eine Abkochung mit 1 Tasse Wasser. Man trinkt den Tee vor den Mahlzeiten, möglichst 3 Wochen lang. Er ist auch bei einer beginnenden Venenentzündung zu empfehlen.

Liegt schon ein *Krampfadergeschwür* vor, ist eine Breiauflage mit dem folgenden Gemisch zu empfehlen. 30 g frische Efeublätter und 20 g Spitzwegerichblätter werden 1/2 Stunde lang in kaltes Borwasser gelegt. Dann nimmt man sie heraus, läßt sie abtropfen und zerkleinert sie mit einem Wiegemesser, bis sie zu einem Brei werden. Den legt man auf das Geschwür und macht *einen Verband. Dreimal täglich erneuern*, zwischendurch jedesmal vorsichtig mit Borwasser abwaschen.

Thymian stillt Krämpfe

Erleichternd, weil *krampfstillend*, wirkt ein *Thymianbad*. Man übergießt 100 g Thymiankraut mit 1 l kochendem Wasser, läßt ziehen und setzt dann den Sud nach dem Abseihen einem Vollbad zu. Das Bad kann auch bei Bronchitis und chronischem Husten empfohlen werden.

Klette
Königskerze
Malve
Melisse

Kreislaufschwäche

All denen, die den *Kreislauf anregen* wollen, kann ich zwei Teeaufgüsse empfehlen:

Tee Nr. 1:
Wegtritt (Vogelknöterich),
Arnika (ganzes Kraut),
Seifenkrautblätter oder -wurzeln,
Schafgarbe.
Je Kraut 2 Finger voll für 1 Tasse nehmen. Mit kochendem Wasser überbrühen. 15 Minuten ziehen lassen. Abseihen. Morgens und abends 1 Tasse trinken.

Tee Nr. 2:
Johanniskraut,
Tausendgüldenkraut,
Brennesselblätter,
Mistelblätter,
Birkenblätter.
Je Pflanze 2 Finger voll pro Tasse nehmen. Mit kochendem Wasser überbrühen, 15 Minuten ziehen lassen. Morgens nach dem Frühstück und abends jeweils 1 Tasse trinken.

Rosmarinwein regt an

Ich kann aber auch wieder ein besser schmeckendes Getränk empfehlen: den selbst angesetzten *Rosmarinwein*, dessen Zubereitung auf Seite 119 beschrieben wird.
Und außerdem ist auch bei Kreislaufschwäche die *Wacholderbeerkur* (S. 21) eine gute, unterstützende Maßnahme.

Leberleiden

Gehen Sie zum Arzt!

Es versteht sich, daß jede Erkrankung dieses lebenswichtigen und unersätzlichen Organs *in die Hand des Arztes gehört.* Darüber hinaus gibt es aber viele Mittel der Natur, die einen günstigen Einfluß auf die Behandlung nehmen können.

Tee Nr. 1:
Schlehdornblüten,
Johanniskraut,
Schafgarbe.
Je 3 Finger voll mit $^{1}/_{2}$ l kaltem Wasser aufkochen. Kurz ziehen lassen und abseihen. Morgens nüchtern trinken.

Tee Nr. 2:
Sauerampferwurzeln 10 g,
Queckenwurzeln 10 g,
Spargel 10 g
mit $^{1}/_{2}$ l Wasser überbrühen. 15 Minuten ziehen lassen und abseihen. Jeden Morgen nüchtern 1 Tasse trinken.

Tee Nr. 3:
30–50 g Petersilienwurzeln, kleingeschnitten, in 1 l Wasser 1 Stunde kochen. Abseihen. Dreimal täglich 1 Tasse trinken.
Für Leberkranke kann ich den *Zwiebelwein* auf Seite 122 und den *Wermutwein Nr. 1* auf Seite 121 empfehlen. Bei starken Schmerzen nimmt man täglich dreimal 1 Teelöffel Johanniskrautöl.

Lungenblähung

Knoblauch, die vielseitige Pflanze, eignet sich auch bei diesem Leiden, das meist eine Folge von chronischer Bronchitis oder Bronchialasthma ist, zur zusätzlichen Behandlung.
Am besten ist *der Genuß der frischen Zehe* – um den penetranten Geruch sollte man sich im Interesse der Gesundheit nicht allzusehr kümmern. Man nimmt ½–1 Zehe, zerdrückt sie und legt sie zusammen mit Petersilie aufs Butterbrot. Oder man kocht den Knoblauch in Milch. Beides, *Petersilie und Milch, dämpfen den unangenehmen Geruch ein wenig.*

Wenn's auch riecht: Nehmen Sie Knoblauch!

Man kann sich auch eine *Knoblauchtinktur selbst herstellten*, die sogar sehr haltbar ist. Dazu schält und zerkleinert man 40 g Knoblauchzehen und läßt sie in 100 g Alkohol 10 Tage stehen. Ab und zu kräftig schütteln. Die Flüssigkeit abgießen und 2 Tropfen Angelikawurzelöl hinzufügen, das mindert ebenfalls den Geruch.
15–20 Tropfen täglich einnehmen.

Und hier noch ein guter Tee:
Alantknollen 40 g,
Ysopblätter 30 g,
Salbei 30 g,
Eukalyptusblätter 10 g.
5 Eßlöffel der Mischung werden in 1 l kochendes Wasser gegeben, 20 Minuten kochen lassen und abseihen. Man trinkt am besten dreimal täglich 1 Glas zwischen den Mahlzeiten.

Magengeschwüre

Als *Begleittherapie* von Magengeschwüren bieten sich eine ganze Reihe von Heilkräutern an. Ich möchte Ihnen hier aber eine ganz bestimmte Teemischung zuerst nennen, weil ich mit ihrer Hilfe einmal meine eigenen Magengeschwüre zum Abheilen gebracht habe.

Dieser Tee half auch Schwester Bernardine

Getrocknete Ringelblumenblätter,
Kleingeschnittene Spitzwegerichblätter,
Salbeiblätter,
Wermutblätter.
Je 3 Finger voll mischen und in 1 l kaltem Wasser aufkochen. Kurz ziehen lassen und abseihen.
Mit diesem Tee macht man *folgende Kur*:
2 Wochen lang täglich 2–3 Tassen trinken, 2 Wochen aussetzen, wieder 2 Wochen lang 2–3 Tassen täglich trinken und weiter so fortfahren, bis eine Besserung eingetreten ist.

Ein Tee, der entkrampft

Hier noch eine andere beruhigende und entkrampfende Teemischung:
Eichenrinde 20 g,
Baldrianwurzel 20 g,
Hopfensprossen 20 g,
Quendel (Feldthymian) 20 g,
Tormentillwurzel 20 g.
Man übergießt 2 Teelöffel der Mischung mit 1 Tasse kochendem Wasser, läßt ziehen und seiht ab. Täglich dreimal schluckweise 1 Tasse trinken.

Magenverstimmung

Wer einen schwachen Magen hat, dem empfehle ich, täglich 2 Glas Zuckerwasser schluckweise zu trinken. Oder *1 Glas Rotwein mit einem Eigelb verquirlt* zu den Hauptmahlzeiten zu trinken. Nicht ganz so angenehm, aber ebenso wirksam, ist der bitter schmeckender *Wermuttee*, von dem man aber nur eine kleine Tasse – möglichst 1 Stunde vor dem Essen – trinken sollte. Dazu überbrüht man eine Prise Wermutblätter mit kochendem Wasser, läßt 1/4 Stunde ziehen und seiht dann ab.

Wachholderbeeren kauen

Auch gegen Magenbeschwerden werden *Wacholderbeeren* als Hausmittel empfohlen. Man soll über den Tag verteilt 8–15 Beeren kauen, aber nicht schlucken.

Ich empfehle außerdem *Angelikatinktur*, die die Verdauung gut anregt. Man kann sie so selbst herstellen:

200 g frische, feingeschnittene Angelikawurzel mit 1 l Branntwein (Obstschnaps, Korn, Gin) in ein Glas geben, fest verschließen und 4–5 Tage in der Wärme stehen lassen. Dann auspressen und absieben. Treten Magenbeschwerden auf, mittags nach dem Essen 15–20 Tropfen auf ein Stück Zucker nehmen. Oder statt Angelikatinktur Baldriantinktur, aber nur 10–12 Tropfen.

Bei Magendrücken empfiehlt sich *Kamillenwein* (S. 114) vor dem Mittagessen, in schweren Fällen kann man zur Linderung warme *Essigwasser-Umschläge* machen.

Pfefferminz

Ringelblume

Rosmarin

Salbei

Muskelkrämpfe

Meist ist eine schlechte Durchblutung die Ursache von Muskelkrämpfen, die gewöhnlich in den Waden und im Fuß auftreten. Dann hilft fast immer *Massage*. Außerdem kann man *feuchtwarme* Umschläge machen.

Feuchtwarme Umschläge

Dazu werden 80 g Gänseblümchenblätter und 30 g Minzeblätter mit 1 l Wasser kurz aufgekocht. Für den Umschlag verwendet man einen Leinenlappen, der in die abgeseihte Flüssigkeit getaucht wird. Vor dem Auflegen kurz auspressen.

Um die Durchblutung zu verbessern, empfiehlt sich auch ein Aufguß aus folgender Kräutermischung:

Gänsefingerkraut 30 g,
Weißdornblüten und -früchte 20 g,
Quendelkraut 20 g,
Rautenblätter 10 g,
Melissenblätter 10 g.

Von dieser Mischung nimmt man 1 Eßlöffel, übergießt ihn mit 1 Tasse kochendem Wasser, läßt 15 Minuten ziehen und seiht dann ab. Man trinkt täglich dreimal 1 Tasse warm.

Nächtliche Krämpfe

Sehr oft treten die Krämpfe *nachts* auf. Es ist dann zu erwägen, ob man nicht auf einer *mit Farnkraut gefüllten Matratze* schlafen sollte. Wie die Wirkung des Farnkrauts zustande kommt, ist mehr oder weniger noch ungekärt, aber vielen Menschen wurde dadurch geholfen.

Nasenbluten

Nicht den Kopf zurückbeugen, sondern aufrecht sitzen oder liegen mit angehobenem Kopf! Der bekannte *kalte Umschlag im Nacken* kann wirkungsvoll sein, bei nur leichter Blutung hilft auch oft schon ein Zusammenpressen der Nasenflügel. Im übrigen sollte man ruhig ausschneuzen, natürlich ohne zu pressen.

Roher Zwiebelsaft

Bei stärkerem Bluten hilft oft *roher Zwiebelsaft*, den man in die Nase träufelt. Eventuell tränkt man einen Gazestreifen mit dem Saft und stopft ihn sich in das Nasenloch. Sie können auch frischen Brennesselsaft nehmen.

Zur Tamponade und zu Spülungen kann man eine Abkochung aus Eichenrinde und Tormentillwurzel verwenden. Man nimmt je 20 g, mischt sie und bereitet mit 1 Eßlöffel der Mischung und 1 Tasse kochendem Wasser die gewünschte Abkochung. Abseihen und erkalten lassen, bevor sie angewendet wird.

Achtung: Bei älteren Menschen kann Nasenbluten auf einen *erhöhten Blutdruck* oder eine *Arteriosklerose* hinweisen.

Nervosität

Nervösen Menschen rate ich zu der *Wacholderbeer-Kur* (s. S. 21). Auch ist es ratsam, täglich 10–12 *Baldriantropfen* in 1 Glas Wasser zu sich zu nehmen (s. S. 20).
Ich nenne hier noch zwei Tees, die gute Hilfe leisten können:

Tee Nr. 1:
Pfefferminzblätter,
Salbeiblätter,
Baldrianwurzeln,
Melissenblätter,
zusammen 10 g, mit 1/8 l kochendem Wasser überbrühen. Ziehen lassen und abseihen.
3 Orangenblüten in etwas Wasser 10 Minuten kochen, abseihen, die Flüssigkeit zum Aufguß schütten. Täglich 2 Tassen trinken.

Tee Nr. 2:
Schafgarbenkraut,
Erdbeerblätter,
Ringelblumenblüten,
Lavendelblüten,
Pfeffernminzblätter,
je 1 Prise, mit 1/2 l kaltem Wasser aufsetzen, einmal aufkochen lassen und abseihen. 14 Tage lang morgens und abends 1 kleine Tasse trinken.
Dann 14 Tage aussetzen und wieder 14 Tage die Teekur machen und so weiter.
Ein bekanntes gutes Mittel zur Nervenberuhi-

gung ist auch eine *warme Tasse Milch mit Honig*, die man jeden Abend *vor dem Schlafengehen* trinkt.

Macht sich die Nervosität ganz besonders in einer Neigung zum *Alpdruck* bemerkbar, empfiehlt es sich, vor dem Schlafengehen 1 Eßlöffel Anissamen mit etwas Wasser zu sich zu nehmen.
Oder man trinkt den folgenden Tee:
Melissenblätter,
Orangenblüten,
je 1 Prise, werden mit 1 Tasse kaltem Wasser zum Kochen gebracht. Den Tee 1/4 Stunde ziehen lassen und abseihen. Lauwarm trinken.
Ein sehr gutes Mittel ist auch *Lindenblütentee* mit Honig. Man nimmt für den Aufguß 1 Teelöffel auf 1 Tasse.

Bei Alpdruck: Anis

Neuralgie

Einige Heilpflanzen-Bäder vermögen die schmerzhaften Zustände erheblich zu bessern. Zu ihnen gehört das *Zinnkraut-Bad*, für das 100 g Zinnkraut in 1 l Wasser 15 Minuten gekocht wird. Den abgeseihten Sud gibt man dem Vollbad zu.

Wieder ein Thymianbad

Für das *Thymian-Bad* werden 100 g Thymiankraut mit 1 l kochendem Wasser übergossen. Man läßt 10 Minuten ziehen, seiht ab und setzt den Sud dem Vollbad zu. Und auch das bekannte *Fichtennadel-Bad* wirkt sich durch die Anregung der Hautnerven günstig auf Neuralgien aus. Man verwendet am besten einen gebrauchsfertigen Fichtennadelextrakt, den man in Apotheken und Drogerien bekommt.

Zum Einmassieren in die schmerzende Stelle eignet sich eine Mischung von Zitronensaft (15 g) und Kampferalkohol (10 g). Nach dem Massieren bindet man ein Wolltuch darüber.

Man kann auch täglich mit folgender Mischung eine Einreibung machen:
Thymianblätter 20 g,
Anissamen 30 g,
Basilikumblätter 20 g
werden 10 Minuten lang mit 100 g Olivenöl gekocht. Absieben und vor dem Einreiben etwas abkühlen lassen. Auch hier wird danach die Stelle *mit einem Wolltuch bedeckt.*

Nierenbeschwerden

Vernachlässigte Nierenerkrankungen führen sehr oft zu unangenehmen und hartnäckigen Beschwerden, mit denen Sie das ganze Leben lang zu tun haben können. Gehen Sie also zum Arzt, wenn Schmerzen in der Nierengegend auftreten. Diese werden übrigens *häufig mit Bandscheibenbeschwerden verwechselt* und umgekehrt. Die folgenden Vorschläge können sich als begleitende Behandlung nützlich erweisen:

30 g Johanniskraut oder 30 g Maisbart oder
10 g Veilchen (Blätter oder Blüten)
jeweils mit 1 l kaltem Wasser aufsetzen und zum Kochen bringen. Kurz ziehen lassen und abseihen. Man trinkt am besten morgens nüchtern und abends vor dem Schlafengehen 1 Tasse.
Als nierenreinigend ist der *Spargel* bekannt. Zum »Durchspülen« trinkt man deshalb morgens nüchtern 2–3 Glas Spargelwasser. Dazu werden 60 g Spargel 5–10 Minuten lang in 1 l Wasser gekocht.

Spargel reinigt die Nieren

Eine Salbe, mit der man *die Nierengegend morgens und abends einreibt*, kann man sich ganz leicht selbst herstellen. Man reibt 100 g Selleriewurzel und kocht sie in 200 g Schweinefett langsam, bis die Wurzeln braun sind.

Wacholderbeeren *fördern die Nierenfunktion.* Kauen Sie 8–10 Beeren morgens nüchtern. Nicht herunterschlucken!

Prellungen, Bluterguß

Arnika kann auch hier helfen. Tränken Sie ein Leintuch oder etwas Watte mit Arnikatinktur (S. 19), die Sie eventuell mit etwas Wasser verdünnen, und machen Sie eine *Kompresse*, die auf die Prellung oder den Erguß gebunden wird. Sie sollte morgens und abends erneuert werden.
Arnika ist auch in dem folgenden Aufguß enthalten:

Arnikablüten 10 g,
Beinwellwurzeln 30 g,
Thymianblätter 20 g.
Die Mischung wird mit 1/2 l kochendem Wasser überbrüht. Nach kurzem Ziehenlassen abseihen. Erkalten lassen. Mit der Flüssigkeit *Umschläge machen*, die immer wieder erneuert werden.

Auch Eisenkraut (Verbena) eignet sich für einen Umschlag. Man läßt 1 Eßlöffel von Kraut und Wurzeln, kleingeschnitten, in 1/4 l Wasser 10 Stunden ziehen. Mit dieser Flüssigkeit wird der Umschlag getränkt.

Regelstörungen

Viele Frauen leiden unter Menstruationsbeschwerden. Bei den einen ist die Regel zu stark, bei den anderen zu schwach, und in den meisten Fällen wird die Regelstörung auch noch von Schmerzen begleitet. Eine fachärztliche Untersuchung ist in jedem Falle angebracht, doch gibt es eine Reihe von Heilkräutern, die auf die weiblichen Geschlechtsorgane einwirken.

So fördern zum Beispiel Raute und Rosmarin die *Durchblutung der Gebärmutter* und kommen deshalb auch zur Behebung einer zu schwachen oder zu seltenen Menstruation in Frage. Hier ein paar Anwendungen:

Raute und Rosmarin regen an

Rauten-Tee:
1 Teelöffel Rautenblätter wird mit 1 Tasse kochendem Wasser überbrüht. 5–10 Minuten ziehen lassen und abseihen. Man fängt mit dem Tee *3 Tage vor dem erwarteten Beginn der Regel an* und trinkt nicht mehr als 2 Tassen täglich.

Rosmarin-Tee:
1 Teelöffel Rosmarinblätter mit 1 Tasse kochendem Wasser übergießen. 5–10 Minuten ziehen lassen. 1–2 Tassen täglich schluckweise trinken.

Tee-Mischung:
Rosmarinblätter 50 g,
Rautenblätter 40 g,
Aloepulver 10 g.

Mit 1 Teelöffel dieser Mischung und 1 Tasse Wasser wird ein heißer Aufguß gemacht, den man etwa 10 Minuten ziehen läßt und dann abseiht. Man trinkt morgens und abends 1 Tasse warm und beginnt damit 8 Tage vor der zu erwartenden Regel.

Wenn die Regel zu heftig ist

Bei einer *zu heftigen und schmerzhaften Menstruation* können die folgenden beiden Teemischungen helfen:
Tee Nr. 1:
Baldrianwurzel,
Kamillenblüten,
Pfefferminzblätter
zu gleichen Teilen mischen. Mit 1 Eßlöffel der Mischung und 1 Tasse kochendem Wasser einen Aufguß machen. 10 Minuten ziehen lassen, dann abseihen. Einmal täglich 1 Tasse warm trinken.

Tee Nr. 2:
Zinnkraut 40 g,
Hirtentäschchen 40 g,
Brombeerblätter 20 g.
3 Eßlöffel dieser Mischung werden mit 1/2 l Wasser kurz aufgekocht. Abseihen. Man nimmt jede Stunde 1 Eßlöffel, bis sich die Regelblutung wieder normalisiert hat.
Bei *zu schwacher Regel* kann man auch den *Rosmarinwein* (S. 119) trinken. Man nimmt 2 Likörgläser am Tage.

Schafgarbe
Schlüsselblume
Spitzwegerich
Stechpalme

Rheuma

Wie schon beim Hexenschuß und Ischias (siehe dort) können *Heublumen-Umschläge* auch bei Rheuma helfen. Sie sollten es aber auch einmal mit *Klettenblättern* versuchen. Lassen Sie 20 g über Nacht in 1 l Essig ziehen. Am nächsten Tag legt man die Blätter, die man vorher leicht abtropfen läßt, auf die schmerzende Stelle und bindet ein warmes, weiches Tuch darüber. Zum *Einreiben* kann ich zwei Tinkturen empfehlen:

Tinkturen zum Einreiben

Johanniskraut-Tinktur:
Füllen Sie ein 1-l-Einmachglas zur Hälfte mit Johanniskrautblüten und gießen Sie dann mit 40–50%igem Branntwein bis zum Rand auf. Lassen Sie das gut verschlossene Glas einen Monat lang an einem warmen Ort stehen. Die Flüssigkeit färbt sich dabei blutrot. Nach dem Abseihen haben Sie ein *Einreibemittel*, das Sie nach Bedarf verwenden können. Es ist besonders wirksam, wenn eine Massage oder ein wärmendes Bad vorhergegangen ist.

Farnkraut-Tinktur:
2 Handvoll frische Farnkrautblätter werden kleingeschnitten. Das Farnkraut gibt man in eine Flasche, gießt sie mit Branntwein (Obstschnaps, Korn, Gin u. a.) voll und läßt sie eine Woche lang an einem warmen Ort stehen. Danach wird die Tinktur abgesiebt. Sie wird ebenfalls nach Bedarf zum Einreiben verwendet.

Zum Einreiben eignet sich auch eine *Kamillensalbe*, die man so herstellt:
10 g Kamille in 50 g Öl oder Schmalz erhitzen. Den Brei auspressen und 5 g Kampferpulver daruntermengen.

Kamillensalbe selbst hergestellt!

Zur *innerlichen Anwendung* empfehle ich die *Wacholder-Tinktur,* die im Abschnitt »Hexenschuß« beschrieben wird. Außerdem den folgenden Tee:
Birkenblätter 2 Eßlöffel,
Wermutblätter 1 Teelöffel
mit 1 l kochendem Wasser übergießen.
10 Minuten ziehen lassen und abseihen. Täglich 2–3 Tassen trinken, möglichst 2 Wochen lang.

Auch ein *Fußbad mit Farnkrautwurzeln* vermag gute Dienste zu leisten. Vorsicht: Die Farnkrautwurzel ist giftig! Man nimmt 2–3 frische Wurzeln, schneidet sie klein und kocht sie in 3–4 l Wasser 1/2 Stunde lang. Ebenfalls 1/2 Stunde lang badet man in diesem heißen Wasser abends die Füße. 14 Tage lang wiederholen. Die Wirkung wird verstärkt, wenn man einmal täglich 1 Tasse Hagebuttentee trinkt.
Im Abschnitt »Muskelkrämpfe« wies ich darauf hin, daß das Schlafen auf einer mit Farnkraut gefüllten Matratze unter Umständen eine sehr günstige Wirkung haben kann. Dies gilt auch für manche rheumatischen Beschwerden.

Heilkraft im Farnkraut

Schlaflosigkeit

Mitunter sind die ganz einfachen Mittel, die wenig Aufwand erfordern, die besten, um einer gesundheitlichen Störung Herr zu werden. So kann schon ein *heißes Fußbad am Abend* das Einschlafen erleichtern. Noch besser ist ein *Wechselbad*: dreimal heiß, dreimal kalt, wobei das letzte Bad kalt sein muß. Man trocknet sich nicht ab, sondern zieht Strümpfe an und geht schnell zu Bett. Zu beachten ist, daß beim Fußbad auch der Unterschenkel miteinbezogen werden muß. Manchmal helfen auch Abwaschungen der Füße mit *Essigwasser.*

Das einfachste Mittel: Zuckerwasser

Ein ganz einfaches Mittel ist auch 1 Glas Zukkerwasser oder 1 Glas warme Milch mit Honig. Auch sie können oft das Einschlafen erleichtern.

Gegen Schlaflosigkeit nimmt man auch die beiden nachstehenden Kräutertees:

Schafgarbenkraut 3 Finger voll,
Schlüsselblumen 3 Finger voll,
Orangenblüten 3 Stück.

In $^1/_2$ l kaltem Wasser zum Kochen bringen, ziehen lassen und abseihen. Abends 1 Tasse trinken.

Wer zu Nachtschweiß neigt, sollte abends 1 Tasse kalten Salbeitee trinken. Man bereitet ihn so zu:

2–3 Finger voll Salbeiblätter mit 1 Tasse kaltem Wasser zum Kochen bringen, kurz, aber stark kochen, durchseihen und kalt werden lassen.

Schnupfen

Zwiebelumschlag um den Hals

Ein Schnupfen kann uns unterschiedlich stark zu schaffen machen, je nachdem, ob wir etwas gegen ihn tun oder uns dem »laufenden Elend« ergeben. Hier ein paar lindernde Maßnahmen: *Zwiebeln* in Ringe schneiden, weich kochen und mit ihnen einen *Halsumschlag* machen. Dazu legt man die Zwiebeln in ein Leinentuch, das dann um den Hals gewickelt wird. Außen herum kommt noch ein Handtuch. Als »Begleitung« wird Zinnkrauttee getrunken: 3 Finger voll Zinnkraut auf eine Tasse Wasser. Nach dem Aufbrühen ziehen lassen und durchseihen.

Als gutes Hausmittel gegen den lästigen Schnupfen, das noch dazu gut schmeckt, empfiehlt sich auch ein *Rotwein-Punsch.* Ein halber Liter Rotwein wird mit Stangenzimt, Nelken und etwas Zucker erhitzt. Ganz heiß trinken!

Bei starkem Schnupfen: Frischen *Zitronensaft* oder verdünnte (20 Tropfen auf 1 Glas Wasser) *Arnikatinktur* durch die Nase hochziehen. Wem eine Zitrone zu stark ist, sollte verdünnen oder *Salzwasser* (1 Teelöffel Kochsalz auf $^{1}/_{2}$ l destilliertes Wasser) nehmen. Noch ein Tip: Zeigefinger in *Glyzerin* tauchen und vorsichtig *die Nasenschleimhaut bestreichen.*

Eukalyptus befreit

Befreiend wirkt auch das *Inhalieren von Eukalyptusdämpfen.* Man gießt wenige Tropfen Eukalyptusöl in einen Topf mit kochendheißem Wasser und atmet etwa 5 Minuten lang unter einem Badetuch die Dämpfe durch die Nase ein.

Sodbrennen

Einen Monat lang roher Kartoffelsaft

Bei akutem Sodbrennen hilft oft schon *Zitronensaft.* Man nimmt 15–20 Tropfen mit einem Eßlöffel kaltem Wasser.
Tritt das Sodbrennen häufiger auf, kann man eine *Kartoffel-Kur* versuchen. Man reibt zwei rohe Kartoffeln und preßt sie aus. Von dem Saft nimmt man zweimal täglich 1 Eßlöffel vor dem Essen. Die Kur sollte einen Monat lang dauern.
In manchen Fällen ist auch die *Wacholderbeer-Kur* (S. 21) hilfreich. Wacholder vermag nämlich eine bessere Durchblutung der gestörten Magenschleimhaut herbeizuführen.
Und hier noch zwei Tees:

Pfefferminz-Tee:
1 Handvoll Pfefferminze in
1 l Wasser
zum Kochen bringen. Kurz ziehen lassen, abseihen. Nach dem Essen 1 Tasse warm trinken.

Teemischung:
Lindenblüten,
Johanniskraut,
Kamillenköpfe,
Orangenblüten,
je 3 Finger voll, mit 1 l kochendem Wasser übergießen. 15 Minuten ziehen lassen und abseihen. Ebenfalls nach dem Essen 1 Tasse warm trinken.

Stirnhöhlenentzündung

Zusätzlich zu den Medikamenten, die Ihnen Ihr Arzt bei einer akuten Stirnhöhlenentzündung sicherlich verschreiben wird, kann ich Kopfdampfbäder mit der *entzündungshemmenden Kamille* empfehlen. Man nimmt dazu einen guten Eßlöffel Kamille auf 1 l kochendes Wasser. Hüllen Sie Ihren Kopf und den Topf gut mit einem großen Badetuch ein. Oder nehmen Sie einen Inhalationstrichter. Wichtig ist, durch die Nase einzuatmen.

Ein anderes, ebenfalls recht wirksames Kopfdampfbad können Sie so herstellen:
Eukalyptusblätter 50 g,
Thymianblätter 30 g,
Minzenblätter 30 g.
3–4 Eßlöffel dieser Mischung mit 1 l kochendem Wasser übergießen. Das Dampfbad sollte bis zu *viermal täglich* durchgeführt werden.

Breiumschlag um die Stirn

Breiumschläge um die Stirn können ebenfalls günstig auf die Entzündung einwirken:
Bockshornklee, Mehl 100 g,
Iriszwiebeln, pulverisiert 100 g,
Kamillenblüten, pulverisiert 50 g,
Weizenmehl 50 g.
Von dieser Mischung werden 50 g so lange mit etwas Wasser gekocht, *bis ein Brei entsteht.* In ein Tuch streichen, um die Stirn legen. Auch der *Zwiebelumschlag* von Seite 89 hilft.

Verstopfung

Gute Verdauung und geregelter Stuhlgang sind Voraussetzungen für eine gute Gesundheit. Falsche Ernährungsweise, Bewegungsmangel und innere Unausgeglichenheit wirken sich jedoch in unserer Zeit mehr und mehr als *Störfaktoren einer normalen Darmfunktion* aus. So leiden viele Menschen an Verstopfung, und die meisten von ihnen greifen zu chemischen Abführmitteln, die bei längerer Einnahme den Darm schädigen. Dabei gibt es so viele natürliche Hausmittel.

Bekannt ist die Wirksamkeit *eingeweichter Backpflaumen.* Man weicht 10 Stück über Nacht in $^1/_2$ l warmem Wasser ein. Morgens ißt man die Pflaumen nüchtern und *trinkt das Einweichwasser dazu.*

14 Tage Feigen-Kur

Ähnlich kann man es mit getrockneten Feigen machen. 5–10 Stück werden über Nacht in warmem Wasser eingeweicht. Am Morgen nüchtern essen und das Wasser dazu trinken. Am besten führt man die *Feigen-Kur 14 Tage lang* durch. Sie können aber auch morgens nüchtern *1–2 Eßlöffel rohes Sauerkraut* essen.

Sehr wirksam ist die folgende Tee-Kur:

Schlehdornblüten,
Stiefmütterchenblüten,
je 3 Finger voll, werden in $^1/_2$ l Wasser aufgekocht. Kurz ziehen lassen und absieben. Man trinkt 4 Tage lang jeden Abend 1 Tasse.

Verdauungsfördernd ist auch der *Tausendgüldenkraut-Wein Nr. 1* (Seite 120).

Wechseljahre

Gegen die ›Fliegende Hitze‹

In den Wechseljahren der Frau können eine ganze Reihe von Beschwerden auftreten, die man mit natürlichen pflanzlichen Mitteln gut lindern kann. Die sogenannte *»fliegende Hitze«*, ein plötzlicher Blutandrang zum Kopf, kann zum Beispiel mit folgendem Tee bekämpft werden:
Johanniskraut,
Rautenblätter,
Kamillenblüten,
je 3 Finger voll, mit 1/2 l kochendem Wasser übergießen. 15 Minuten ziehen lassen und abseihen. Bei Bedarf 1 Tasse trinken.

Kommt es zu *nervösen Reizerscheinungen*, ist folgende Teemischung empfehlenswert:
Baldrianwurzel 5 g,
Rosmarinblätter 20 g,
Rautenblätter 20 g,
Arnikablüten 5 g.
2 Eßlöffel der Mischung werden mit 1/2 l Wasser zum Kochen gebracht. Kurz ziehen lassen, abseihen. Über den Tag verteilt 1–2 Tassen trinken.

Kreislaufstörungen: Fußbad mit Meersalz

Auch ein *Fußbad mit Meersalz* kann auftretende Kreislaufstörungen beheben. Man nimmt 1 Handvoll Salz auf 2–3 l Wasser. Das Bad soll so heiß sein, wie man es verträgt – es empfiehlt sich, nach dem Abkühlen wieder heißes Wasser nachzuschütten. Mehr als 1/4 Stunde lang sollte es aber nicht dauern! Im übrigen können Sie statt Meersalz auch einfaches Kochsalz nehmen.

Wurmerkrankungen

Wenn sich Kinder häufig am After kratzen und abends auch vor Juckreiz kaum einschlafen können, handelt es sich meist um *Madenwürmer.* Man kann sie übrigens nachts am besten feststellen, weil sie unter Einwirkung der Bettwärme aus dem After kriechen.

Wermuttee wirkt wurmtreibend

Als wurmtreibendes Mittel bei Madenwürmern, aber auch bei Spulwürmern, eignet sich *Wermut.* Man trinkt 5 Tage lang morgens auf nüchternen Magen 1 Tasse verdünnten Wermuttee. Dazu übergießt man 1 Prise Wermutblätter mit 1 Tasse kochendem Wasser, läßt kurz ziehen und seiht dann ab. Mit der gleichen Flüssigkeit kann man auch ein Leinenläppchen tränken und *äußerliche Umschläge* machen.

Man kann diese Pflanzen aber auch für einen *Einlauf* verwenden. Dazu nimmt man 40 g Wermutblätterspitzen und 10 g Aloepulver. Man übergießt diese Mischung mit 1/2 l kochendem Wasser, läßt kurz ziehen und seiht dann ab. Das Klistier muß morgens nüchtern gegeben werden.

Und hier noch zwei Anwendungen gegen *Spulwürmer*, die aber auch ebensogut bei Madenwürmern verwendet werden können:

Knoblauchzwiebel 10 g,
Kamillenblüten 10 g,
Rainfarnblüten, fein geschnitten 5 g,
Thymuskraut, fein geschnitten 5 g.

Mit 1 l kochendem Wasser wird ein Aufguß zubereitet, 10 Minuten ziehen lassen und abseihen. Mit ihm machen wir einen *Einlauf. Achtung, Rainfarn ist giftig! Den Arzt konsultieren!*

Baldrianwurzel,
Silberdistel,
Enzianwurzel,
Tausendgüldenkraut,
Wermutblätter,
je 20 g, miteinander mischen. Von dieser Mischung 1 Eßlöffel mit 1 Tasse Wasser aufkochen, ziehen lassen und abseihen. Der Tee wird tagsüber schluckweise getrunken.

Verschreibung vom Arzt!

Zur Vertreibung des *Bandwurms* kommen vor allem Wurmfarn, Rainfarn und Alant in Frage. Dies sind aber *sehr stark wirkende Drogen, die beiden Farnarten zudem noch giftig, so daß es besser ist, wenn der Laie seine Finger davon läßt. Lassen Sie sich in einem solchen Fall eine Verschreibung vom Arzt geben.*
Wichtig: Mit allen Wurmkuren müssen auch abführende Maßnahmen einhergehen. Bei Maden- und Spulwürmern sollte außerdem wegen der leichten Übertragbarkeit *immer die ganze Familie die Kur mitmachen.* Es versteht sich, daß peinliche Sauberkeit (z.B. gründliches Bürsten der Fingernägel) und häufiger Wäschewechsel die Maßnahmen begleiten müssen.

Zahnfleischentzündung

Bei diesen Beschwerden sind *Arnika und Kamille* sehr gute Mittel. Man kann mit der Arnikatinktur (s. S. 19) entweder eine entzündete Stelle bepinseln, oder man nimmt 20 Tropfen auf ein Glas Wasser und spült damit mehrmals täglich. Das tut man auch mit einem Kamillenblütenaufguß, zu dem man 1 Eßlöffel Kamillenblüten mit 1 Tasse kochendem Wasser überbrüht. 15 Minuten ziehen lassen und abseihen. Auch Spülungen mit Zusatz von Myrrhentinktur aus der Apotheke tun gute Dienste.

Entzündungswidrig wirkt auch die folgende Mischung:
Tormentillwurzel 50 g,
Eichenrinde 50 g.
Mit 1 Tasse Wasser wird 1/2–1 Eßlöffel der Mischung aufgekocht. Ziehen lassen und abseihen. Vor dem Spülen etwas abkühlen lassen.

Kalmus sehr zu empfehlen

Zum Schluß möchte ich aber noch die Kalmuswurzel als hervorragendes und auch vorbeugendes Mittel gegen Zahnfleisch und Mundschleimhautentzündungen empfehlen. Man macht einen kalten Aufguß: 1 Teelöffel kleingeschnittene Wurzel auf 1 Glas Wasser. 12 Stunden ziehen lassen, abseihen und damit spülen. Sie können auch die Wurzelstückchen im Mund zerkauen (nicht herunterschlucken!).

Körper- und Schönheitspflege

Auch für die Körperpflege und die Erhaltung der Schönheit sind die natürlichen Mittel aus dem Pflanzenreich unentbehrlich. Richtig angewendet, sind sie nicht nur schonender als die chemischen Produkte der Kosmetikindustrie, sondern auch sehr preiswert. Sie tun also nicht nur Ihrem Körper etwas Gutes, wenn Sie sich ihrer bedienen, sondern entlasten auch Ihren Geldbeutel.

Eine gesunde und schöne Haut bildet sich von innen heraus aus einem Organismus mit ungestörten Funktionen. Deshalb finden Sie in diesem Kapitel neben Kompressen, Tinkturen und Salben auch wieder Kräutertees, die entschlacken und die Durchblutung fördern.

Den besten Gefallen tun Sie Ihrer Haut, wenn Sie viel an die frische Luft gehen, übertriebene Sonnenbäder meiden und sich öfter mal kalt waschen. Auch regelmässige Trockenbürstenmassagen – am besten jeden Morgen 5–10 Minuten – sind sehr zu empfehlen, denn sie regen die Blutgefässe unter der Haut an.

Akne, Hautunreinheiten

Bei allen Hautunreinheiten sollte man für eine leichte, reizlose Kost und eine *gute Verdauung sorgen.* Starken Kaffee soll man meiden. Die Behandlung der in den Entwicklungsjahren gehäuft auftretenden *Mitesser* erfordert viel Geduld. Sie sollte zugleich von innen und von außen erfolgen. Zunächst ein paar innere Anwendungen:

Reinigung von innen heraus

Königskerzenblüten (Wollblume) 15 g
oder
Königskerzenblätter 30 g
oder
Stiefmütterchen (Blüte und Kraut) 30 g.
Mit 1 l kochendem Wasser übergießen, 5–10 Minuten ziehen lassen und abseihen. Von den Wollblumentees kann man täglich 3 Tassen, vom Stiefmütterchentee höchstens 2 Tassen trinken, da er leicht abführend wirkt. *Wichtig für Kräutersammler:* Das Gartenstiefmütterchen eignet sich nicht zur Verwendung als Heilkraut. Man nimmt hierfür das Acker- oder auch das Wiesenstiefmütterchen.

Schafgarbenkraut,
Johanniskraut
werden zu gleichen Teilen gemischt. Man nimmt 1 Handvoll für einen Aufguß mit $^1/_2$ l kochendem Wasser. 10–15 Minuten ziehen lassen und abseihen. Täglich 2 Tassen trinken.

Auch die bekannten Tees aus Holunderblüte oder Lindenblüte oder Pfefferminze oder Melisse leisten bei Akne gute Dienste, weil sie *blutreinigend und leicht schweißtreibend* wirken. Die Zubereitung ist bei allen vier Tees die gleiche: Man nimmt 2 Teelöffel auf 1 Tasse kochendes Wasser. 10 Minuten ziehen lassen, abseihen.

Bei allen äußeren Anwendungen muß man auf *peinliche Sauberkeit* achten. Mitesser möglichst nie mit den bloßen Händen berühren. Zum Einreiben und für Kompressen *sterile Mulläppchen oder Wattebäusche* benutzen. Hier das Rezept für eine selbstgefertigte Salbe:
Frisches Hammelfett 10 g
wird im Wasserbad geschmolzen.
Alkohol (90%) 1 Eßlöffel,
Schwefelpulver 1 Eßlöffel,
Schmalz 1 Eßlöffel
unter das Hammelfett mischen. Mit der gewonnenen Salbe die betroffenen Stellen ein- bis zweimal täglich einreiben.

Nicht mit bloßen Händen berühren!

Dampfbäder mit Heublumen können auch Besserung bringen. Sie sind auf Seite 50 beschrieben. Oder man macht *Zinnkraut-Umschläge:*
2 Handvoll Zinnkraut werden mit 2 l Wasser überbrüht. Eine Viertelstunde ziehen lassen und abseihen. Die Umschläge werden warm auf die Haut aufgelegt.

Augenpflege

Müden und überanstrengten Augen kann man durch ein Augenbad wieder Glanz und Frische geben. Besorgen Sie sich in der Apotheke ein *Augenbadewännchen.* Für das Bad empfehle ich einen Aufguß aus Kamillenblüte oder Kornblumenblüte oder Honigklee. Nehmen Sie 1 Eßlöffel auf $^{1}/_{2}$ l kochendes Wasser. Nach dem Überbrühen 10–15 Minuten ziehen lassen und gut durchseihen. Abkühlen lassen und dann das Wännchen mit dem Aufguß füllen und über die Augen stülpen. Mehrmals täglich wiederholen.

Jeden Morgen 5 Minuten Augen baden

Oft hilft auch ein *Spitzwegerich-Aufguß.* Eine Handvoll Blätter mit 1 l kochendem Wasser übergießen, 5–10 Minuten ziehen lassen und absieben. Jeden morgen 5 Minuten lang die Augen damit baden.

Ist die *Bindehaut entzündet,* kann man Kompressen mit folgendem Aufguß machen:
Kornblumenblüten,
Spitzwegerichblätter,
Kamillenblüten,
Eisenkrautblätter
zu gleichen Teilen mischen. Pro Tasse Wasser braucht man für eine Aufkochung 3 Finger voll. Kurz ziehen lassen, abseihen und nach dem Abkühlen der Flüssigkeit *feuchte Kompressen* machen. Etwa 15 Minuten einwirken lassen.
Wichtig: Bei Anwendungen am Auge darf die Flüssigkeit keine festen Rückstände enthalten!

*Tausend-
güldenkraut*

Thymian

Veilchen

Wacholder

Fettleibigkeit

Ich möchte hier keine Vorschläge für eine Schlankheitsdiät machen, deren gibt es genug. Selbstverständlich muß jeder, der Übergewicht hat, weniger und richtiger essen. Die nachstehenden Rezepturen und Ratschläge sind als *begleitende Maßnahmen* gedacht.

Teemischung:
Zinnkraut 6 g,
Rosmarinblätter und -blüten 6 g,
Wermutblätter 3 g,
Petersilie 3 g,
Schlehdornblüten oder -blätter 3 g.
Die Mischung wird mit 1 l kochendem Wasser übergossen. 5–10 Minuten ziehen lassen, dann abseihen. Man trinkt täglich mehrmals eine Tasse in kleinen Schlückchen.

Noch ein Ratschlag für Übergewichtige: Nach dem Mittagessen eine Tasse *Johanniskrauttee* (s. S. 81) oder eine Tasse *Fencheltee* trinken. Es ist auch empfehlenswert, vor dem Essen etwas *rohes Sauerkraut oder 1–2 Eßlöffel Sauerkrautsaft* zu sich zu nehmen.

Und nun noch ein *Tip für diejenigen, die zunehmen wollen*: frischen Rahm, Eigelb und Zimtwasser – Mengen nach Geschmack – mischen und täglich zwei- bis dreimal 1–3 Eßlöffel voll nehmen.

Fußpflege

Bei müden Füßen hilft ein warmes Fußbad, dem man eine Handvoll Salz beifügt. Gut ist auch *ein Schuß Zitronensaft.*

Sind Ihre *Füße geschwollen*, können Sie Umschläge mit *Kopfsalatblättern* oder auch mit *Huflattichblättern* machen. Blätter auf die Füsse legen und mit Leinenlappen umwickeln.

Umschläge mit Kopfsalat

Auch *Essigwasserumschläge* sind hilfreich. Man gibt einen Schuß Essig in 1 l Wasser, tränkt darin ein Leinenläppchen, drückt es leicht aus und wickelt es um Fuß, Wade oder Knöchel. Darüber wird ein Handtuch gebunden.

Ich empfehle bei geschwollenen Füßen auch ein Bad mit *Farnkrautwurzelabsud*. Pro Liter Wasser nimmt man 1 Handvoll kleingeschnittene Farnkrautwurzeln (*Achtung, die Wurzel des Farnkrauts ist giftig! Gummihandschuhe tragen!)* kocht sie etwa 1/2 Stunde lang und seiht ab.

Wer zu geschwollenen Füßen neigt, sollte öfters *Tee von Johanniskraut und Zinnkraut* trinken. Man mischt die Kräuter zu gleichen Teilen und nimmt 3 Finger voll für 1 Tasse kochendes Wasser. 10 Minuten ziehen lassen, abseihen.

Teemischung aus Johannis- und Zinnkraut

Gegen *Hühneraugen* rate ich Ihnen ein allabendliches Fußbad in heißem Seifenwasser und anschließend folgenden *Umschlag*: 1 Handvoll Zinnkraut und Efeublätter mit 1 l Wasser 10 Minuten lang kochen. 5–10 Minuten ziehen lassen und abseihen. Leinentücher im Sud tränken und als Umschlag verwenden.

Gesichtspflege

Gurke macht schön

Den natürlichen Alterungsprozeß kann man nicht verhindern, aber man kann doch *gegen die Faltenbildung* vorbeugende Maßnahmen ergreifen und auch schon bestehende Falten mildern. Dabei tut die Gurke ausgezeichnete Dienste. Man wendet sie innerlich und äußerlich an.
Eine Salatgurke kleinreiben, das Mus in einem Leinentuch auspressen. Diesen Saft trinkt man einmal wöchentlich.
Mit Gurkensaft tränkt man ein sauberes Leinenläppchen und tupft mit ihm das Gesicht ab. Man kann auch ganz vorsichtig die Haut abreiben.
Noch einfacher ist es, ein Stück Gurke zu nehmen und damit das Gesicht *sanft zu massieren.* Wichtig ist, daß Sie sehr behutsam vorgehen und nicht ziehen oder drücken.
Vergessen wir auch nicht das alte Hausmittel: *Gurkenscheiben aufs Gesicht legen* und 20–30 Minuten einwirken lassen.

Gegen *aufgesprungene Haut* hilft folgende Teemischung:
Hagebutten,
Schafgarbenkraut,
Zinnkraut
zu gleichen Teilen mischen. Von dieser Mischung 3 Finger voll mit 1 Tasse kochendem Wasser übergießen. 10–15 Minuten ziehen lassen und abseihen. Morgens nüchtern und abends je 1 Tasse trinken.

Wenn Sie unter einer *geröteten Nase* leiden, sollten Sie über Nacht *Essigwasserumschläge* machen. Man nimmt einen guten Schuß Essig auf 1 l Wasser.

Wirksam ist auch der folgende Tee:
Brennesselblätter,
Hagebutten,
Zinnkraut
zu gleichen Teilen mischen. 1 Handvoll mit 1 l kochendem Wasser überbrühen, 10–15 Minuten ziehen lassen und abseihen. Mehrmals täglich 1 Tasse trinken.
Aufgesprungene oder spröde Lippen kann man mit frischem Rahm bestreichen.

Hautprobleme

Bei *Sonnenbrand* wirken kalte Milchkompressen lindernd. Besonders gut eignet sich Buttermilch. Sehr zu empfehlen ist auch das Einreiben mit *Johanniskrautblütenöl.*

Kleiebad gegen Hautjucken

Gegen *Hautjucken* helfen Kleie-Vollbäder. Man nimmt 1/2 Pfund Kleie für ein Bad und gibt noch einen Schuß Essig dazu. Kleie trocknet die Haut aus, deshalb sollte man sie nach dem Bad wieder leicht einfetten.

Statt Kleie kann man dem Bad auch einen *Auszug aus Lindenblüten oder Zinnkraut* zusetzen. In beiden Fällen übergießt man 1 Handvoll mit 1 l kochendem Wasser, läßt 10–15 Minuten ziehen und seiht dann ab.

Gegen Frostbeulen helfen Heublumen. Man kocht 1 Handvoll in 1 l Wasser auf, läßt die Flüssigkeit abkühlen und badet dann je nachdem die Hände oder die Füße 15 Minuten lang in ihr. Das macht man eine Woche lang.

Oder man kocht 2 Handvoll Königskerzenblätter oder -blüten 1/2 Stunde lang in 1 l Wasser, seiht ab und macht mit dem Aufguß eine Woche lang jeden Abend *Kompressen auf die Frostbeulen.*

Walnußblätter helfen

Gegen *Blasen an den Füßen,* wie man sie sich nach langen Wanderungen oder in zu engen Schuhen holt, helfen *Umschläge mit Walnußblättern*: 25 g Nußblätter werden 20 Minuten lang in 1/2 l Wasser gekocht. Man tränkt Leinenläppchen in der abgeseihten Flüssigkeit und legt sie auf die Blasen auf.

Mundgeruch

Schlechter Mundgeruch kann die verschiedensten Ursachen haben, z.B. auch auf eine Erkrankung des Magens oder der Luftwege hinweisen. Man sollte deshalb auch bei dieser Erscheinung *den Arzt befragen.*
Geruchsmildernde Wirkung haben folgende Auszüge:

Lorbeerblätter 20 g,
Eukalyptusblätter 20 g,
Fenchelsamen 20 g,
Anissamen 30 g,
Kümmelsamen 20 g,
Pfefferminzblätter 30 g
werden mit 1 l Süßwein und 200 g reinem Alkohol übergossen. 10 Tage lang an einem warmen Ort stehen lassen. Dann durchseihen. Von der Flüssigkeit dreimal täglich 1 Likörglas nach dem Essen trinken.

Mit Süßwein ansetzen

Safrannarben 2 g,
Nelkenpulver 3 g,
Eukalyptusblätter 10 g,
Wacholderbeeren, zerdrückt 5 g
8 Tage lang in einem Gefäß mit 200 g reinem Alkohol ziehen lassen. Abseihen. Nach jeder Mahlzeit 20 Tropfen auf ein Stück Zucker nehmen.
Noch ein Tip: *Ab und zu eine Wacholderbeere kauen.* Aber nicht schlucken!

Schweißbildung

Schweißbildung sollte wirklich nur dann bekämpft werden, *wenn sie im Übermaß auftritt.* Die normale Schweißbildung ist ein natürlicher und sehr gesunder Vorgang, für den das übliche Waschen völlig genügt. Hier ein paar Rezepturen gegen übermäßige Schweißabsonderung:

Achselschweiß:
Eichenblätter und Zinnkraut,
zusammen 1 Handvoll in 1 l Wasser zum Kochen bringen. 10 Minuten ziehen lassen und abseihen. Damit häufig die Achselhöhlen waschen.

Salbei hilft bei Schwitzhänden

Schwitzhände:
Salbei- oder Wermutblätter
je 1 Handvoll mit 1/2 l kochendem Wasser überbrühen, 10 Minuten ziehen lassen, durchseihen. Mehrmals täglich die Hände heiß baden.

Fußschweiß:
Salbeiblätter und -blüten,
Schafgarbenkraut,
Wermutblätter,
Königskerzenblätter (Wollblume),
Tausendgüldenkraut,
Johanniskraut
zu gleichen Teilen mischen und 1 Handvoll dieser Mischung mit 1 l kaltem Wasser aufkochen, kurzen ziehen lassen und abseihen. Abends 1–2 Tassen trinken.

Wegwarte
Weißdorn
Wermut
Zinnkraut

Schuppen, Haarausfall

Eine gute Wirkung auf die Kopfhaut hat die *Brennessel*, denn sie steigert die Durchblutung und desinfiziert. Wenn Sie an Schuppen leiden, versuchen Sie es einmal mit folgender Kur:
3 Eßlöffel kleingeschnittener Brennesselwurzeln werden in 1 l kaltem Wasser angesetzt und zum Kochen gebracht. Danach noch kurz ziehen lassen und abseihen. Mit diesem Auszug, den man sich jedesmal aufs neue frisch herstellt, werden *die Haare regelmäßig gewaschen.*

Man kann sich auch ein *Kopfwasser aus Brennnesselextrakt* und folgenden Zugaben, die man alle in der Apotheke bekommt, herstellen:
Brennesselextrakt 15 g,
Klettenextrakt 5 g,
Lavendelessenz 2 g
mit 100 g Alkohol (90%) und 100 g Rosenwasser zusammenmischen. Morgens *in die Kopfhaut einmassieren.*

Veilchen gegen Schuppen

Ein gutes *Schuppenmittel* liefert uns auch das Veilchen. Man läßt 30 g Veilchenblüten oder -blätter in 1/2 l Wasser 24 Stunden ziehen und kocht den Auszug dann kurz auf. Mit der abgeseihten Flüssigkeit macht man eine Haarwäsche. Es empfiehlt sich, eine Weile lang diese Prozedur täglich durchzuführen.

Bei *beginnendem Haarausfall* kann man es mit folgendem Kopfwasser versuchen:

Fördert Haarwuchs: Klettenwurzel

30 g frische Klettenwurzeln werden in 1 l kaltem Wasser zum Kochen gebracht. Ziehen lassen, durchseihen und 1 Eßlöffel reinen Alkohol (90%) zugeben. Mit dieser Flüssigkeit wird die Kopfhaut morgens und abends *zur Förderung des Haarwuchses* eingerieben.

Und hier noch ein weiteres *Einreibemittel* gegen Haarausfall:

Rum (40%) 10 Eßlöffel,
Olivenöl 5 Eßlöffel,
1 Eigelb

miteinander verquirlen. Mit dem Brei wird die Kopfhaut *zweimal wöchentlich massiert.* Am besten über Nacht einwirken lassen und das Haar am nächsten Morgen mit einem Shampoo waschen.

Warzen

Viel Geduld ist nötig

Die Behandlung ist oft sehr langwierig, manchmal auch wenig erfolgreich. Auch die Ärzte räumen ein, daß seelische Beeinflussung wie das sogenannte Besprechen die besten Erfolge bringt. Hier eine Reihe von Maßnahmen, die helfen können. Wichtig ist aber, daß man Geduld hat und die Behandlung nicht vorzeitig abbricht.

Warzen mit *Essigessenz* abtupfen. Oder mit einem Brei von Mehl und Essig bestreichen, um den man einen kleinen Umschlag macht. Das kann man auch mit der *Rinde junger Nußbaumäste* machen, die man in einem Mörser zu einem Brei zerstoßen hat.
Zum Betupfen oder Bestreichen eignen sich die verschiedensten Mittel, die man ausprobieren muß. Zum Beispiel der *frische Saft der Ringelblume.* Oder Arnikatinktur. Oder Eichenrindentee. Auch die Zwiebel und die Knoblauchzehe kommen zum Abreiben in Frage.
Und noch einen Tip will ich Ihnen nicht vorenthalten, obwohl er ein wenig merkwürdig klingt: Die Warze morgens, solange man noch nüchtern ist, mit dem eigenen Speichel betupfen. Das 2–3 Wochen wiederholen, wobei die betreffende Stelle nicht gewaschen werden darf. Wenn man Glück hat, trocknet die Warze dadurch ab.

Schwester Bernardines Leib- und Seelentröster

»Wasser des Lebens«, aqua vitae, hieß der Branntwein im Mittelalter. Er wurde den Kranken als Medizin und Stärkungsmittel gereicht und häufig mit allerlei Kräutern oder Obstauszügen angereichert. Auch heute noch sind Kräuterbitter und Kräuterliköre beliebte Hausmittel bei Magenbeschwerden und Schwächezuständen, bei Appetitlosigkeit und Nervosität, bei Erkältung und Bronchialkatarrh.

Leider wissen nur die wenigsten, wie leicht man sich aus Kräutern, Beeren und Trinkbranntwein, also praktisch allen Schnäpsen vom Weinbrand bis zum Obstwasser, Korn oder Gin selbst die herrlichsten Liköre bereiten kann. Auch Kräuter- und Obstweine kann man sich selber ansetzen. Einige bewährte Rezepte finden Sie auf den folgenden Seiten.

Aber nehmen Sie nicht die billigsten Spirituosen und Weine; Fuselöle und chemische Restbestände im Wein beeinträchtigen nicht nur den Wohlgeschmack der hochprozentigen Medizin, sondern auch ihre Heilwirkung.

Enzianwein

In 1 l Rotwein oder Weißwein geben Sie:
Enzianwurzeln, zerkleinerte 60 g,
Grapefruitschalen, zerschnittene (ungespritzt) 20 g,
Weidenrinde 20 g,
Brennesselblätter 20 g.
Das Ganze lassen Sie in einem festverschlossenen Einmachglas eine Woche lang ziehen und sieben es dann ab.
Zu empfehlen gegen *Blutarmut.* Vor jeder Mahlzeit 1 Likörglas trinken.

Kamillenwein

Weißwein 1 l,
Kamillenblüten 20 g,
Würfelzucker 20 Stück
läßt man in einem festverschlossenen Glas etwa 1 Monat lang ziehen. Den Ansatz ab und zu schütteln, damit sich der Zucker auflöst. Es ist ratsam, schon nach 8 Tagen zu probieren. Sobald die Flüssigkeit Ihrem Geschmack entspricht, kann sie durchgeseiht werden.
Je länger man den Wein danach in festverschlossenen Flaschen stehen läßt, desto besser.
Variation: 5 Gewürznelken, 1 kleines Stückchen Enzianwurzel und 1/4 l Branntwein zugeben.
Empfohlen bei *Magenbeschwerden.* Vor jedem Mittagessen kann man 1 Glas Wein trinken.
Achtung: *Schmeckt bitter!*

Himbeerlikör

5 Pfund Himbeeren in
1 l Rotwein oder Most
24 Stunden ziehen lassen.
Pro Liter Flüssigkeit $2^1/_2$ Pfund Zucker zugeben, zum Kochen bringen und vom Herd nehmen. Nach dem Abkühlen durch ein Seihtuch pressen. Der Himbeerlikör ist dann gleich trinkfertig. Empfohlen zur Stärkung von *Herz und Kreislauf.*

Holunderlikör

Füllen Sie eine Literflasche halbvoll mit reifen Holunderbeeren und dann mit Obstschnaps oder Tresterschnaps auf. Nun stellen Sie die Flasche in die Sonne oder an einen warmen Ort. Nach einem Monat den Saft durchseihen. Kochen Sie nun 125 g Zucker in $^1/_2$ l Wasser, geben Sie Saft und Zuckerwasser zusammen und rühren Sie um. Der Likör ist fertig.
Zu empfehlen bei *Erkältungen, Heiserkeit, Bronchitis und Blutarmut.*

Johannisbeerwein

Ein Einmachglas (1 l) füllt man zur Hälfte mit schwarzen Johannisbeeren und gibt 2 Sternanis dazu. Dann wird mit Tresterschnaps (oder Obstschnaps, Korn, Gin) aufgefüllt. Die Mischung läßt man einige Monate lang ziehen, löst 125 g Zucker in 1/2 l Wasser auf, schüttet alles zusammen, siebt ab und füllt den Wein in Flaschen.

Zu empfehlen bei *Grippe, Magenbeschwerden, Blutarmut* und als allgemeines *Stärkungsmittel.*

Johanniskrautlikör

Branntwein (40–50%) 2 l,
Johanniskrautblüten, getrocknete 80 g,
Zitronen, kleingeschnitten, 2 Stück
läßt man im festverschlossenen Glas 14 Tage in der Sonne oder auch nur in der Wärme ziehen. Dann siebt man die Flüssigkeit ab, gibt 150 g Zucker dazu, schüttelt kräftig, bis sich der Zukker aufgelöst hat.

Empfohlen gegen *Appetitlosigkeit.* Man nimmt vor dem Essen ein halbes Glas.

„Malaga"

40 grüne Walnüsse kleinschneiden. (Plastikhandschuhe anziehen, sonst verfärben sich die Finger!)
Mit
2 Pfund Zucker,
5 l altem Rotwein und
1/2 l Branntwein (40–50%)
in einem großen Glasgefäß 40 Tage lang, eventuell auch länger, in der Sonne stehen lassen.
Abseihen.
In Südfrankreich pflückt man die grünen Walnüsse traditionsgemäß am 24. Juni, dem Johannistag. In unseren Breiten sollte man mindestens bis *Ende Juli* damit warten, sonst wird der »Malaga« zu bitter.
Zu empfehlen als *Stärkungsmittel.* Täglich ein Likörglas voll trinken.

Rautenlikör

2 Handvoll Rautenblätter müssen mindestens
2 Monate lang in
1 l Tresterbranntwein (oder Obstschnaps, Korn, Gin usw.)
ziehen. Dann abseihen.
Zu empfehlen bei *nervösem Herzklopfen.* Man nimmt 20 Tropfen auf einem Stück Zucker oder 10–12 in einer Tasse Tee.

Nußlikör

10 grüne Walnüsse kleinschneiden und mit 1 l Obstschnaps oder Branntwein (40–50%) 6 Wochen lang in einem festverschlossenen Glas in der Sonne ziehen lassen. Danach abseihen, 125 g Zucker mit 1 l Wasser zu Sirup kochen und dazugeben. Den Likör noch ein paar Tage stehen lassen.

Variation: Den Nüssen und dem Obstschnaps fügt man noch 1 Zimtstange zu. Statt mit Wasser kocht man den Zucker in 2 l Rotwein einmal kurz auf und läßt alles zusammen noch 14 Tage ziehen.

Zu empfehlen bei *Völlegefühl* und *Magenbeschwerden.* 1 Eßlöffel voll nehmen.

Pfirsichlikör

100 grüne, schöne Pfirsichblätter werden gewaschen und getrocknet. Man gibt sie mit 300 g Zucker in ein Einmachglas (1 l) und füllt mit Rotwein auf. Glas schließen und einen Monat lang in die Sonne oder in die Wärme stellen. Nach dem Abseihen ist der Likör dann trinkfertig.

Empfohlen zur Förderung der *Verdauung.* Bei Bedarf vor dem Essen ein Likörglas voll trinken.

Rosmarinwein

5 Eßlöffel Rosmarin läßt man in
1 l trockenem Weißwein
4–5 Tage in einer Flasche ziehen. Öfter schütteln. Durch ein Tuch seihen. Man kann ihn aber auch schon nach 2 Tagen trinken, wenn man jeweils die gewünschte Menge aus der Flasche durch ein Tuch oder Haarsieb gießt.
Empfohlen bei *Herzbeschwerden, Kreislaufstörungen* und *Wassersucht.* Wirkt harntreibend und abführend. Der Wein ist auch bei *Blutarmut* und *Appetitlosigkeit* ein gutes Mittel. Man trinkt täglich 1–2 Likörgläschen voll.

Salbeiwein Nr. 1

100 g Salbei läßt man in
1 l Malaga
8 Tage lang ziehen.
Empfohlen bei *Appetitlosigkeit.* Von dem abgesiebten Wein trinkt man vor jeder Mahlzeit 1 Likörgläschen voll.

Salbeiwein Nr. 2

1 Handvoll Gartensalbei in 1 l Weißwein
4–5 Tage ziehen lassen, dann abseihen.
Empfohlen bei *Erkältung* und *Grippe*. Morgens und abends $^{1}/_{4}$ Glas voll trinken.

Tannenspitzenlikör

1 Handvoll Tannenspitzen gibt man mit
125 g Kandiszucker
in ein Einmachglas (1 l) und füllt mit Schnaps auf. Einen Monat lang an der Sonne oder in der Wärme ziehen lassen und dann abseihen.
Ein gutes Mittel gegen *Bronchitis und Husten.*
Über den Tag verteilt 4–5 Eßlöffel nehmen.

Tausendgüldenkrautwein Nr. 1

Kamille 3 Finger voll,
Tausengüldenkraut 1 Prise,
Wermutblätter 1 Prise
mit einer halben zerschnittenen Orange (ungespritzt!) in ein Einmachglas geben und mit
1 Flasche Weißwein (0,7 l) auffüllen. 8–10 Tage ziehen lassen, durchseihen.
Zu empfehlen bei *Appetitlosigkeit* und zur *Förderung der Verdauung*. Täglich 1 Tasse voll eßlöffelweise nehmen.

Tausendgüldenkrautwein Nr. 2

60 g Tausendgüldenkraut in
1 l Weißwein
8 Tage ziehen lassen. Abseihen.
Ein gutes Mittel gegen *Appetitlosigkeit.* Vor jeder Mahlzeit 1 Likörglas voll nehmen.

Weißdornlikör

1 Handvoll Weißdornbeeren in
1 l Traubenschnaps (oder Branntwein, Korn, Gin) mit
2 Stengel Melisse
8 Tage zugedeckt ziehen lassen. Dann abseihen und in einem gut verschlossenen Einmachglas mit 250 g braunem Zucker noch etwas ziehen lassen.
Weißdornlikör ist ein gutes *Stärkungsmittel für das Herz* und deshalb eine *Medizin für ältere Menschen.* Man trinkt ihn nach Bedarf.

Wermutwein Nr. 1

1 Flasche weißer Bordeaux (0,75 l),
15–18 g Wermutblätter,
Pfefferminz und Rosmarin nach Geschmack (mindestens 3 Finger voll)
8–10 Tage in einem verschlossenen Einmachglas ziehen lassen. Abseihen und vor jeder Mahlzeit 1 Likörglas voll trinken.
Zu empfehlen bei *Durchfall, Koliken und Leberbeschwerden.*

Wermutwein Nr. 2

40 g kleingeschnittene Wermutblätter oder
-blüten und
1 l Weißwein
in einem verschlossenen Einmachglas 4–5 Tage ziehen lassen. Dann abseihen. Zu empfehlen bei *Appetitlosigkeit.* Vor dem Essen 1 kleines Weinglas voll trinken. Vorsicht: Wermut schmeckt bitter!

Zwiebelwein

500 g Zwiebeln fein schneiden,
1 l Weißwein dazugeben und
150 g Honig.
Umrühren und 48 Stunden ziehen lassen.
Durchseihen.
Zu empfehlen bei *Leberbeschwerden.* Man trinkt morgens, mittags und abends eine Viertelstunde vor dem Essen 1 Weinglas voll. Der Zwiebelwein wirkt auch schleimlösend bei Husten.

Kräuter selbst sammeln und trocknen

Noch heute in meinem hohen Alter macht es mir immer wieder viel Freude, die Kräuter für meine Rezepte *selbst im Garten zu ziehen oder in der Natur zu sammeln*, sie zu trocknen und später dann für die verschiedenen Anwendungen zu mischen. Wenn Sie sich auch dieser schönen und dabei so nützlichen Beschäftigung hingeben möchten, sollten Sie ein paar *Grundregeln* beachten:

Immer nur *frische und gesunde Pflanzen* sammeln. Was an Straßenrändern steht, ist durch *Abgase und Staub* als Heilkraut schon unbrauchbar geworden. Auch die Ränder von Äkkern und Wiesen, die gerade mit *Kunstdünger oder Schädlingsbekämpfungsmitteln* bestreut wurden, sind kein idealer Sammelplatz. Schauen Sie sich vor dem Pflücken auch genau an, ob die Pflanzen *frei von Pilz und Schimmel* sind, und lassen Sie alles stehen, was *fleckige oder von Schnecken und anderen Schädlingen angefressene Blätter* hat. Man muß auch darauf achten, daß man kein Gras oder andere Kräuter mitpflückt.

Abgase machen Kräuter unbrauchbar

Nur bei trockenem Wetter sammeln

Halten Sie die *Naturschutzbestimmungen* ein. Und lassen Sie bitte an einer Sammelstelle immer noch etwas vom Pflanzenbestand stehen. Wenn Sie von einer Pflanze nur Blätter brauchen, pflücken Sie immer nur einen Teil der Blätter, so daß die Pflanze nicht eingehen und auch später noch Früchte und Samen bilden kann.

In welcher Jahreszeit man sammeln soll, ist von Pflanze zu Pflanze *unterschiedlich.* Im Rahmen dieser allgemeinen Hinweise kann man aber als *Grundregeln* nennen:

Kräuter und Blätter sowie ganze Pflanzen werden am besten zu Beginn der Blüte gesammelt. *Blüten* natürlich in der Blütezeit, aber nicht zu spät, *Früchte und Samen* kurz vor der Vollreife, *Wurzeln* im Frühjahr oder im Herbst nach dem Abblühen.

An Regen- und Nebeltagen sollten Sie Kräuter überhaupt nicht sammeln, sondern *nur bei trokkenem, sonnigem Wetter*, und zwar *am späten Vormittag* (beste Zeit für Blüten!), wenn der Tau getrocknet ist, *über Mittag oder am frühen Nachmittag.* Jede Nässe fördert die Schimmelbildung und entzieht der Pflanze wertvolle Stoffe. Nur *Wurzeln sammelt man morgens*, sie sind dann am gehaltvollsten.

Die Pflanzen nicht in Plastiktüten nach Hause tragen! Nehmen Sie einen luftigen, offenen Korb oder ein Leinensäckchen.

Trocknen darf man Kräuter niemals in der Sonne, sondern *nur im Schatten.* Der Platz soll mäßig warm und vor Zugluft geschützt sein – aber ein ganz klein wenig Zug tut gut. Blütendrogen wie z.B. Johanniskraut und Ringelblume dürfen es auch nicht zu hell haben. Dachböden und trockene, nicht zu kühle Kellerräume sind sicherlich *die besten Trockenplätze.*

Immer im Schatten trocknen

Ich sortiere die Pflanzen sofort, sobald ich vom Pflücken nach Hause komme, denn *man darf die Kräuter nicht durcheinanderliegend trocknen lassen,* weil sich sonst das Aroma vermischt. Außerdem ist es nachher schwer, die Pflanzenarten wiederzuerkennen, weil sie beim Trocknen ihr Aussehen stark verändern. Ich mache mir *Namenschildchen* für die einzelnen Kräuter.

Zum Trocknen lege ich die Pflanzen (die niemals gewaschen werden dürfen!) *mit luftigem Abstand auf sauberem Papier* aus. Manche muß man vorsichtig mehrmals umwenden, damit sie rundum trocken werden. Deshalb sind Obsthürden, die mit Jute ausgelegt werden, noch besser, weil dann die Luft auch von unten herankommt und man sich das Umwenden ersparen kann. Immer nur flach, also nur in einer Lage auslegen! Ganze Pflanzen oder Stengel kann man mit den Köpfen nach unten *zu Sträußen gebunden aufhängen.* Wurzeln werden von Erde befreit und gegebenenfalls kleingeschnitten in einen offenen Pappkarton gelegt.

Mit luftigem Abstand auslegen

Zum Aufbewahren nach beendeter Trocknung kann man *gut schließende Blechdosen oder geruchfreie Pappkartons* nehmen, die man mit Löchern versieht, damit kein muffiger Geruch entsteht. Ganze Pflanzen kann man im Bündel lassen und mit einem Jute- oder Nesselsäckchen gegen Staub schützen. Sie sollten sich aber *möglichst nur einen Jahresvorrat* schaffen, wenn auch stark aromatische Heilpflanzen 2–3 Jahre ohne allzu großen Wertverlust gelagert werden können. Kleingeschnitten werden die Kräuter möglichst erst vor dem Gebrauch.

Mit einfachen Kräutern anfangen

Auch beim Selbstherstellen von Kräutertee ist noch kein Meister vom Himmel gefallen. Man sammelt halt nicht nur Kräuter, sondern auch Erfahrungen. Fangen Sie mit den einfachen Dingen an, am besten zunächst mit dem Anbau im Garten, bevor Sie in der freien Natur sammeln: *Im Garten* könnten Sie z.B. *folgende Pflanzen ziehen*: Kamille, Melisse, Boretsch, Pfefferminze, Thymian, Wermut, Königskerze (Wollblume), Malve, Fenchel, Rosmarin, Lavendel, Salbei, Angelika, um nur einige zu nennen. Dann haben Sie gleich ein paar schöne Gewürze für die Küche. Und »draußen« könnten Sie vielleicht mit Johanniskraut, Schafgarbe, Holunder, Hagebutten und natürlich Brennesseln einen Anfang machen, ehe Sie sich an schwieriger zu bestimmende Pflanzen wagen. *Wenn Sie unsicher sind, nehmen Sie erst mal eine Probe mit* und zeigen Sie

sie Ihrem Apotheker oder einem Kräuterkundigen. Manche Pflanzen kommen in verschiedenen Arten vor, von denen aber nur eine als Droge wirksam ist. Und zum Schluß noch ein Rat: *Lassen Sie beim Sammeln lieber die Finger weg von giftigen Pflanzen!* Die sollte der Laie den Experten überlassen.

Finger weg von giftigen Pflanzen!